どこまでも続く青空。
手を伸ばせば届きそうな気がする。

幻冬舎MC

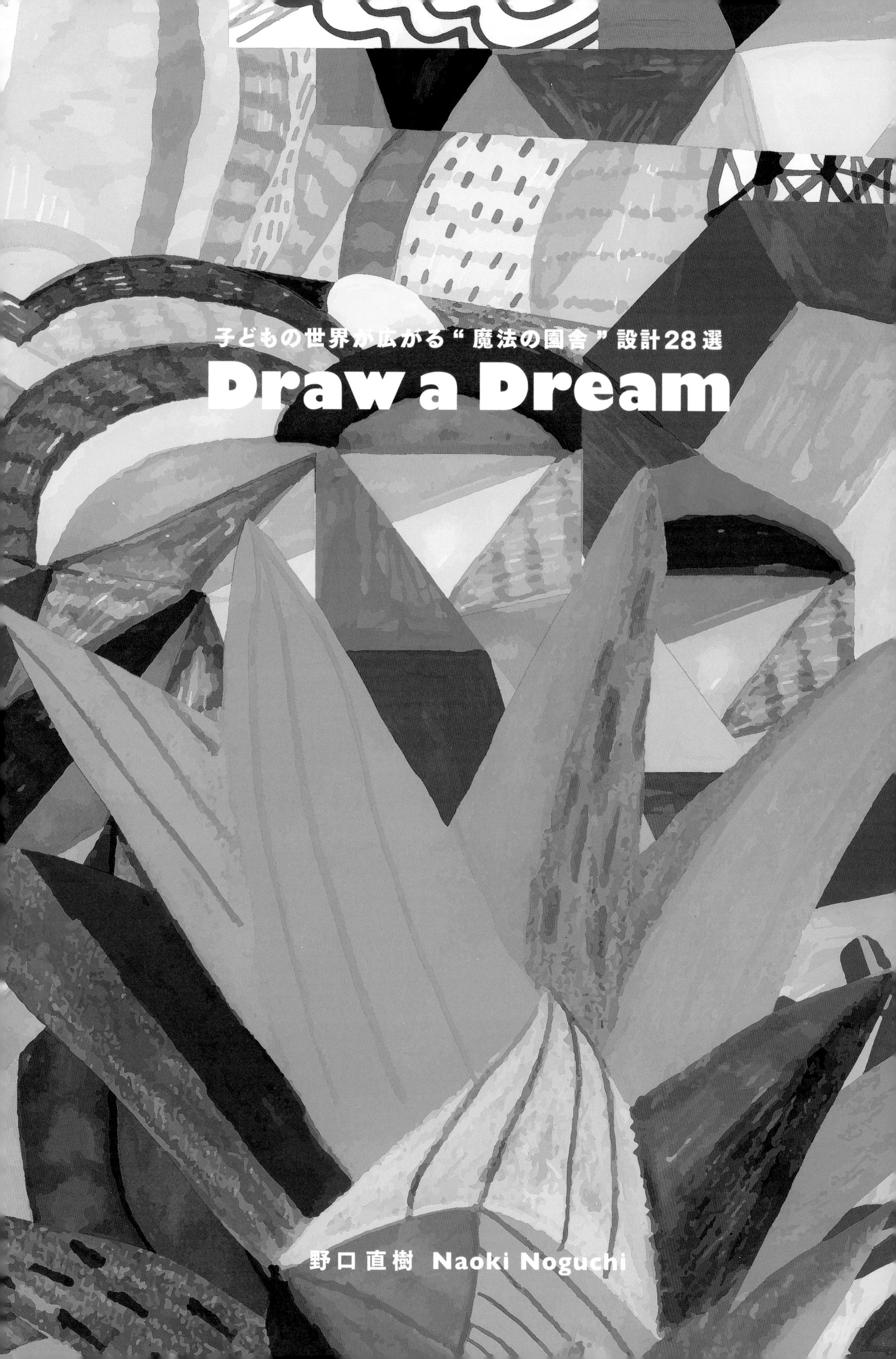

子どもの世界が広がる“魔法の園舎”設計28選

Draw a Dream

野口直樹　Naoki Noguchi

Prologue

Draw a dream 夢を描こう。
どこまでも続く青い空。
手を伸ばせば届きそうな気がする。
ずっと空を見上げているうちに
羽が生えてきて飛んでいけそうな気がする。
子どもの心はいつだって自由だ。
何にでも挑戦し、
できることがどんどん増えていく。

それはきっと
取り巻く環境のすべてが励まし、
勇気づけて、
いつだって応援してくれるから。
そんなふうに自由にのびのび過ごせる
安心できる場所があるから。

子どもたちが思い切り夢を描ける場所。
大人だって思わず夢を語りたくなる場所。
そんな世界で夢を描こう。

Contents

Part I Inspire the World

大胆なひらめきで、世界を広げる | 新築・建て替え5選

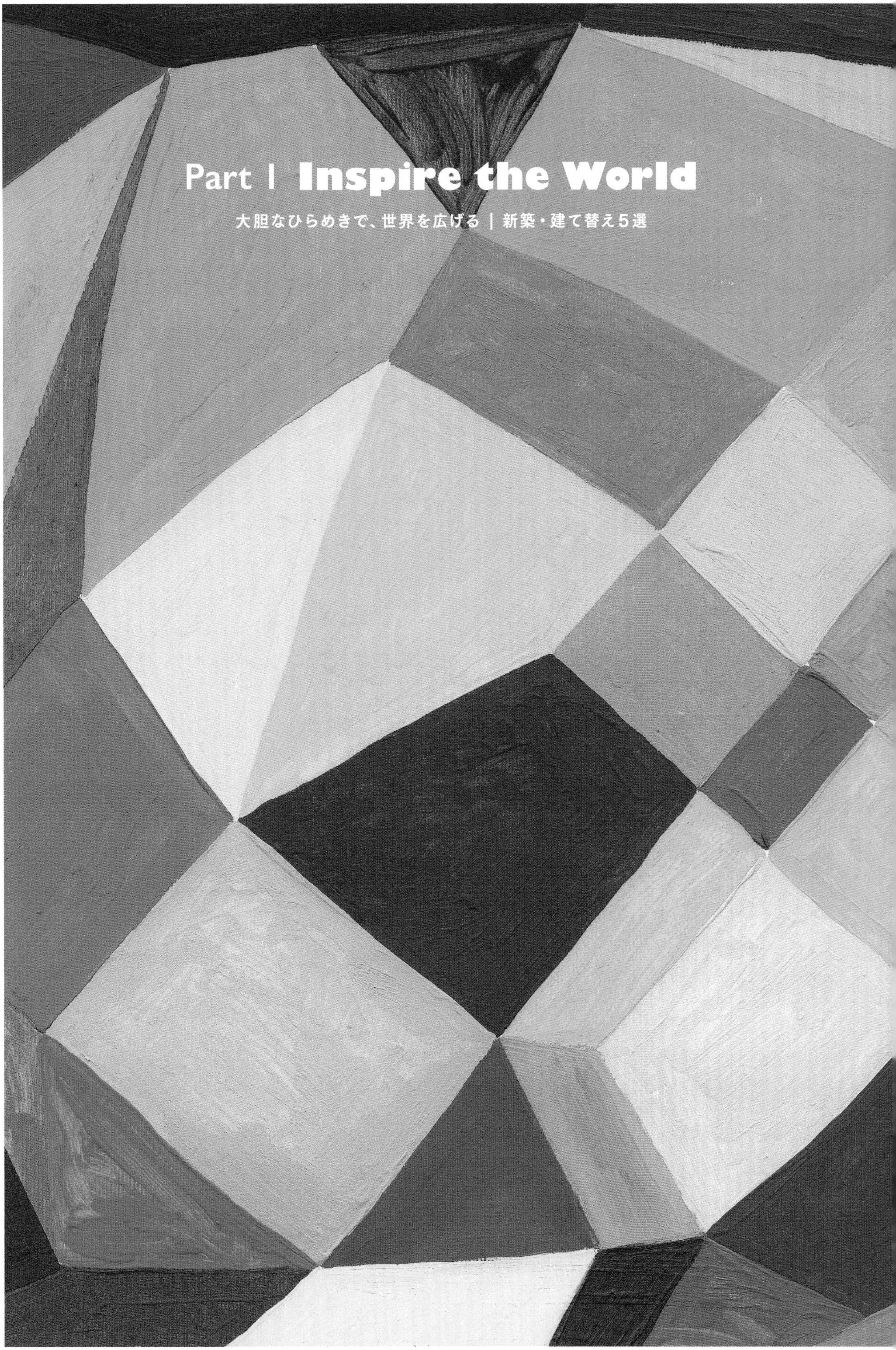

001

KANAMARU NURSERY

金丸保育園

008

目指したのは「美しい園舎」

バザーの準備や打ち合わせなど、大人も多目的に使えるカフェスペース。子育て支援としても使用しています。

園としての「やりたい」をどこまで受け止め、叶えられるか

地元の期待を一身に背負った金丸保育園が誕生したのは1981年のことです。その後児童数はどんどん増えていき、そのたびに施設を増改築してきました。気づけば身動きの取れない状態になっていた頃に、園長先生と私は出会いました。

施設の築年数的にはまだタイムリミットではないけれど、やりたい保育・教育活動を考えたときにこれまでこだわってきた教育理念を体現する施設にしたい、という想いをもっていました。

金丸保育園は、さまざまなチャレンジが詰まった園になります。なかでも特筆すべきは、その外観です。「生活は、年齢別の縦だけではなく横も柔軟に」という理念が園にはあります。その理念どおり、卒園生には町の消防団に積極的に参加する人も多く、一保育園ながらまるで街づくりそのものを実践しているかのような園です。その自由な「気づき」「発想」を大切に育むため、複数の多角形で構成する「インフィニティ＝∞（無限）」の形の園舎で設計を進めていました。しかし、模型やパースで空間を確認すると「思ったより圧迫感があり、インフィニティらしさが表現しづらい」と気づきます。

最初は、当初のコンセプトの多角形でインフィニティを模していこうとしていました。しかし、ここは曲線にしたい、でもそうするとコストがかさんでしまう……。何度も話し合い、着地点として見いだしたのが現在の「リボン≒Re-born（再生）」の形状だったのです。

木に見立てた絵本棚

Picture Bookshelf

屋内に、にょきにょき伸びる「本の木」

自分の教室以外で遊ぶ「自由度」をもたせるべく、本棚をフリースペースに設置。かっちりとした「お勉強をする」という印象を避けるため、本棚はあえてランダムに収納できる木の形に。年齢もクラスも関係なく、みんなで好きな絵本や本を手に取って読む。読書を強制ではなく「遊びの延長」になじませるための試みですが、実際に子どもたちは、気になる本をめくって突然座り込んで読みふけったりします。

らせん状の階段周りにはアナグラや登り棒があったり、ボルダリングがあったり、天井を見上げると立体的なグリーンのオブジェがあったり。雨の日でも、施設内を自由に駆け回りながら遊べる空間となっています。

My Favorite Point by 金丸保育園 **萩尾光代** 園長

物質的なものだけが「歴史」じゃない。

とにかく何軒も建築事務所を訪ねました。野口先生のところを訪ねた際、これまでに建てられた園をいくつか見学させてもらい、そのバリエーションの豊富さに驚くとともに、どの施設も2つとして同じものがないにもかかわらず、どの園も子どものことを中心に考えた設計だとすぐに分かりました。すでに40年が経過しており、かなりの倍率になるくらい入園を希望する人が増えてきたなかで、改めて、私たちが目指す、「保育園だけれど、教育にしっかり力を入れる」という想いを理解し、形にしようという動きを一緒にしてもらったことに本当に感謝しています。

建築にあたっては、折り重なり積み上げてきた歴史を残したいという想いに苦悩することも多々ありましたが、「物質的なものだけが歴史じゃない。ここからの10年、20年をこの建物と一緒に育んでいくんだ」と決めたとき、気持ちが楽になりました。外壁は、10年スパンで色を変えようか、などと話して楽しみにしています。

美しいステンドグラス

Stained Glass

感性に響く設えを。随所にちりばめられたステンドグラス

園内の至るところに絵画や切り絵などが飾られているだけでなく、ステンドグラスをはめ込むというチャレンジもしました。あまり多用すると全体がメルヘンな印象になってしまうため、建物のコンセプトからずれてしまわないかと懸念もしましたが、モチーフやポイントを絞った配置により、アクセントになってくれました。ステンドグラス越しに透過された光や色の変化が、子どもたちの遊び道具にもなっているそうです。

スロープの軒下など、雨の日でも遊べるデッドスペースは子どもの大好きな場所。園全体が子どもの秘密基地。

あえての「無駄」こそが子どもたちの「遊び」に変わる

外観のコンセプトがインフィニティからリボーン（Re-born）に変わり、一気に構造も変わりました。園児たちは、スロープの右からでも左からでも上の階や屋上に上ることができるだけでなく、教室の窓を開け放つことで、外の風を感じながら遊ぶことができます。

園には、いわゆるまっすぐな廊下がありません。先生たちと打ち合わせを行い移動手段以外の何ものでもない廊下という存在は排除しました。共用部も含め、その動線のすべてに「無駄」な「遊び」があり、これは園の教育理念にも通じます。子どもは、無駄なところで遊ぶものなのであえて余白をつくることで、それぞれの楽しみ方や発見を育みたいという想いです。この余白をあえて「無駄」と呼ぶところにとても共感しました。

ただ、こうした遊びの多い空間は、同時に危険性がないわけでもありません。しかし園長先生は、子どもたちが転んだとしても先生たちは必ず見ているので、安全だけを考えて子どもたちの可能性を狭めてしまうのは違うと思っていました。実際、年度によって施設内での子どもたちの遊び方は違うようです。

同園は、「食育」に取り組んだ先駆けの園として有名です。そのため、ランチルームからも給食室の様子がしっかり見えるようにしました。子どもたちは、その様子を見て、未来の街を支える大人になる。まさに、この姿こそがリボーンなのだと私は思っています。

給食室が見えるランチルームには、IoT照明を採用

リボーンをコンセプトに、「無駄」な空間と、「外と中のつながり」を実現するための工夫として、IoT照明を採用しました。自然とのつながりを意識した設えとして、自然の光を忠実に再現した次世代調光調色システムを用いています。写真に見える丸い球体を、さまざまな色味や照度に変えることができます。外が雨で暗くても自然光が降り注ぐような明るさにできるなど、光によるシームレスで健やかな環境を演出できます。

施設名称　金丸保育園
事業内容　認可保育園（定員130人）
所在地　福岡県久留米市津福本町514-2
法人名　社会福祉法人金丸福祉会
竣工年月　2022年3月
受賞歴　第17回キッズデザイン賞

002

KAMINOFU AOZORA NURSERY

上府あおぞらこども園

五感を刺激し
感性を耕す
自然に囲まれた園舎

青空の下で土管くぐりを楽しむ子どもたち。決まった遊び方はなく、子どもたちは自由に想像力を働かせています。

都心で叶えた里山的な保育環境

学校法人の先生から、地域貢献のためにも幼稚園の教育をもとにした保育も行いたい、という依頼がありました。

認定こども園成を想定した新設の保育園として園長がやりたかったのは、自然のなかで遊び回ったり、里山で育つような環境を子どもたちに提供すること。そのために用意した土地でしたが、希望していた平屋で計画するには少し狭く、また渋滞懸念から、近隣住民の反対に遭います。悩んだ挙句、園長は隣接する土地の購入を決定。住宅地とは反対側に接道を設けることで渋滞を回避することに。また土地が広がったことで、やむを得ず鉄骨2階建てにしていた計画も、当初の希望通り木造平屋建てに変更することが可能となり、木に囲まれた環境にこだわることができるようになりました。

これは園舎設計における最適解だと考えているのですが、消防法や建築基準法、児童福祉法の兼ね合いから、2階建ての建物で木造を実現するとなると、耐火の要求があり部分的にしか木を活かすことができないのです。つまり、平屋こそが木造の良さを活かせる最高の構造なのです。幼児保育において、木造は「木の温かみが心の落ち着きにつながる」という効果があります。また、木の経時変化を「味」としてとらえることで、子どもたちの成長とともに園舎の成熟をも感じることができます。こうした贅沢に木の質感を感じることができる環境を、園庭の遊具にも踏襲しました。

木のぬくもりが感じられる大型木製遊具

Wooden Playground

遊具も園舎同様、木製で特注

園の希望により、関東から遊具専門のデザイナーを招へいしました。特注の木製遊具や築山など起伏のある園庭をデザインすることで、子どもたちの身体能力を高めます。

トンネルを抜けた光の先には園庭が。

壁面いっぱいをチョークボードに。子どもや先生たちが思いっきり絵を描いて遊べます。

My Favorite Point by 上府あおぞら保育園 **徳成晃隆** 園長

子どもたちの主体性、創造性を引き出そうとするスピリットを感じます。

野口さんが特に気を使ってくれたのは園舎全体の見通しの良さだと思います。保育室が閉鎖的な空間にならない工夫を随所にしてくれました。各部屋や廊下には天窓が設置され、お昼寝中に部屋を暗くしても子どもたちの表情がうかがえます。廊下の天窓は電動開閉式でコロナ禍での換気にとても有効でした。ガラス戸や窓がとても広く、明るい空間で安全対策や防犯上でも安心できるという声を職員からもよく聞きます。

園庭は子どもはもちろん大人からも好評です。高低差のある丘やオーダーメイドの木製遊具は園児の発達に優れた環境だと高い評価を得ました。子どもたちは長くて広い外廊下やテラスがお気に入りな様子で、日の光が差し込むなか、靴の着脱のトレーニングをしたり、おしゃべりをしたりしています。野口さんのプランには子どもたちがのびのび生活し、遊びのなかで主体的・創造的になれる空間をつくり出そうとするスピリットを感じました。

星型の窓

Star shaped Window

ここは秘密の世界への入口？

子どもサイズの小さな扉は、まるで秘密の世界への入口のよう。その扉をくぐる瞬間、心が躍ります。

第二の遊び場となった心理的秘密基地で絵本を読む子どもたち。

目的を決めないスペースが子ども同士の対話を生む

この園舎で子どもたちの好奇心をくすぐる最高のポイントは「子どもスケールの空間」です。高さ130センチほどの通路や扉は、大人ならしゃがまないと入れませんが、子どもにとってはまるで洞窟や秘密基地のようで足を踏み入れるだけでわくわくする場所になっています。

トンネルには丸や四角、星型の小窓があり、その向こうには0・1歳の保育室の様子が見えます。園児たちはこの窓を代わる代わるのぞき込み、違う年齢の子と視線を交わしています。

そのほかにも子ども同士のコミュニケーションを促すとっておきの場所を設けました。それは保育室と保育室の間に渡る幅の広い廊下が、ただの通路ではなく第二の遊び場になる仕掛けです。保育室と保育室の間の空間を畳でくつろげるようゾーニングしたことで、廊下の途中でありながら、寝転がって本を読むなど、お友達同士で自由に遊べる心理的秘密基地になりました。

外観からは想像もつかないような、立体的で多層な空間。自然との調和を目指し、木造にこだわった園舎。しかしひとたび中に入ると、保育室と保育室の間に設けた空間には連続性が生まれます。横に縦にと広がる空間は多孔的であり、想像する以上の空間的広がりをもたらしています。

至るところに自発性を育む仕掛けがあるこの建物で、子どもたちは元気に走り回ったり、絵本を友達と一緒に見たりしながら成長していくだろうと期待しています。

自然の光を感じられる空間

天井付近にはハイサイドライト（高窓）を設置しています。天井から日光が差し込み、フロアで過ごす子どもたちに柔らかな光が降り注ぎます。室内にいながら、こもれびのような自然の光を感じられる空間は、読み聞かせやワークショップで使われるほか、子ども同士の自然なコミュニケーションを促すフリースペースとして活用されています。

こもれびがふりそそぐ

High Side Light

施設名称　上府あおぞらこども園
事業内容　認定こども園（定員135人）
所在地　福岡県糟屋郡新宮町上府683-4
法人名　社会福祉法人未来福祉会
竣工年月　2016年3月
受賞歴　第13回キッズデザイン賞、第6回福岡県木造・木質化建築賞 特別賞

003

DAIZENJI KINDERGARTEN

だいぜんじ幼稚園

柔らかな曲線で描く
園児を見守る新園舎

近未来の建物をイメージした半円型

HAKU Circular Structure

緩やかな曲線が、訪れる親子を優しく迎えて包み込みます。

コンセプトは「近未来」理に適った半円型の形状

認定こども園の開設に向けて、保育機能を備えた新園舎を建てたいという依頼のもとに向かっただいぜんじ幼稚園は、無垢材の温かみある園舎が特徴的でした。新園舎は調和するように同じく木造の建物にするのか、あえて対比させるべきなのか――。最終的に園長先生から出た要望は現代風に近未来をイメージする造形にしたいというものでした。

そこで考えたのが、園庭をぐるりと見渡せる半円型のユニークな形状です。イメージを共有するために模型を何度もつくり、まるで宇宙船が降り立ってきたかのようなデザインにたどり着きました。角がある四角の造形物は圧迫感が出やすいのですが、半円にすることで緩やかな曲線ができ、柔らかい雰囲気を生み出せます。素材は冷たい印象になりがちな金属板ではなく、左官仕上げとしました。曲線を園庭に向けて大きく開いたことで、どの教室からも園児たちの遊ぶ様子が見えるのもポイントです。

また、1階部分の軒を深めにつくっていることもこだわりの一つ。当初、新園舎を建てることで、園庭が狭くなるのではないかという意見が多く出ました。確かに、遊べるスペースが少なくなってしまったら本末転倒です。そこで深くした軒の下にピロティを設け、地面は園庭と地続きにして狭さを感じさせないようにしました。これで子どもたちは炎天下でも雨天でも、天候に影響されずに土のある場所でのびのびと遊べます。マイナスをプラスに変えたデザインです。

※ピロティ…建築物の1階部分で壁によって囲われず、柱だけの外部に開かれた空間

対照的な美しい木造の園舎

Old Wooden Kindergarten

MUKU

長年大切に使い続けられてきた旧園舎。
経時変化した無垢材の美しい建物が、
ずっと地域の子どもを育んできました。

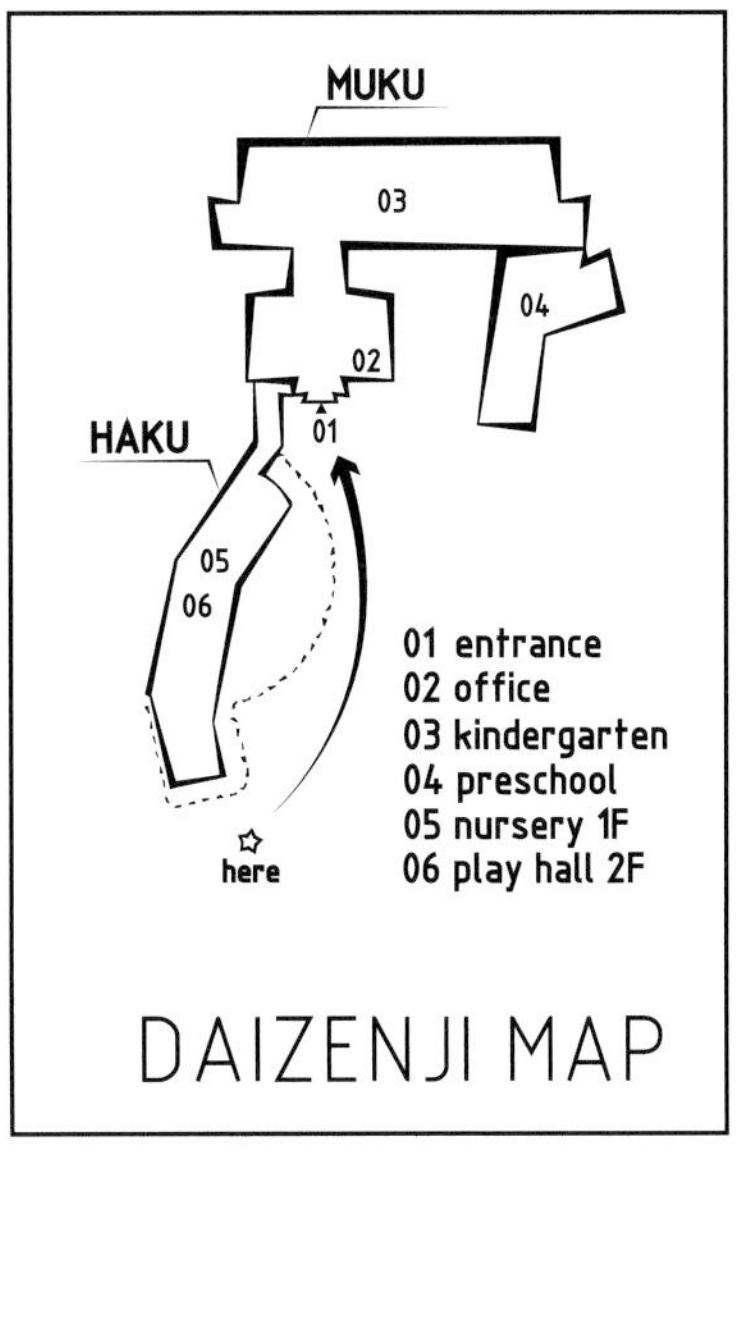

新園舎「HAKU」と既存園舎「MUKU」

完成した新園舎は、まっさらなキャンバスで一人ひとりが自分の色を見つけられるようにという想いから職員によって「HAKU」と名付けられました。既存園舎は無垢材を使っていることや無邪気に駆け回る子どもになぞらえて、新たに「MUKU」と命名されました。

ピロティでお弁当を食べる子どもたち。子どもたちは雨の日でもピロティで砂遊びができます。

開口を開け放つことによって、屋内と半屋外空間がシームレスにつながり、子どもたちの活動の幅が広がります。

My Favorite Point by だいぜんじ幼稚園 **甘井良憲** 園長

温かみのある既存園舎と
スタイリッシュな新園舎

懇意にしている園長先生からのご紹介、そして別の建設関係の人からも野口直樹氏の名前が挙がり、その流れでお話を聞いてもらうことになりました。

幼児教育施設を専門とした建築家である野口さんは、細やかなご提案はもちろんのこと、県や市との打ち合わせにも同席して、たいへん心強いパートナーシップを発揮してもらいました。

既存の無垢材を使った懐かしさ漂う木造園舎とあえて対比させた新園舎は、現代的でスタイリッシュな設計になっています。ラウンドした2階の遊戯ホールは、体操遊び・誕生会・未就園児の親子広場等で利用しています。毎年外部の会場を借りて行っていた発表会も、遊戯ホールで開催するようになりました。

1階には広々とした保育室があり、3歳未満児が心置きなく遊びながら生活しています。アコーディオン式の窓は全開することができ、園庭に続く景観が広がります。子どもたちの遊びに対するエネルギーが溢れ出ていて、保護者や職員にも評判は上々です。

対照的な美しい木造の園舎

Old Wooden Kindergarten

MUKU

近未来の建物をイメージした半円型

HAKU **Circular Structure**

フリーハンドで子どもたちが描いた雲のような形の折り上げ天井。

アートを中心にした参加型の園舎づくり

園長先生は、「本物のアートに触れる機会を与えたい」という想いをお持ちでした。そのため、壁には地元で活動する画家の作品が飾られています。

さらに、新園舎の2階にもアートにこだわっただいぜんじ幼稚園ならではの工夫があります。遊戯や子育て支援の場として活用されるホールの天井です。ここには園児たちがフリーハンドで描いたイラストをベースにデザインした、カラフルでユニークな形の折り上げ天井を配しています。曲線を用いた建物なので柔らかさは十分にありますが「動」の活動が多いホールはもう少しにぎやかな印象をもたせたくて、あえてこのような見せ方にしました。

大工さんは「施工しにくいな……」と苦笑していたのですが、どうしても子どもたちのユニークな感性をデザインに取り入れたかったのです。この体験が子どもたちにとって自分たちの過ごす園舎への愛着を育み、かつ形として残る喜びになればと思います。

また、園づくりに参加したのは子どもたちだけではありません。職員の提案を発端に、新園舎と既存園舎のネーミングを決めるワークショップを開催しました。長く地域の皆さんに親しまれ、呼びやすい愛称にするには……という観点からみんなで意見を重ね、最終的に「HAKU」と「MUKU」に決定しました。アートを基点に、関わるすべての人たちの想いが園を形づくる――。参加型の園舎づくりには無限の可能性が広がっていることを、身をもって実感しました。

生活空間で日常的に本物の芸術に触れる

階段の上には地元の画家が描いた芸術作品を展示しています。幼い頃から日常生活のなかで本物の芸術作品に触れる機会をより多くつくることで、子どもたちの感情や情緒をより豊かにし、思考を深めるきっかけを増やそうというねらいです。この園で過ごし、一人ひとりの「自分の色」を見つけて育った子どもたちが、感受性豊かで芸術と自然を愛する優しい大人になってくれることを、心から願っています。

階段室がギャラリーに

Staircase to Art Gallery

施設名称　だいぜんじ幼稚園
事業内容　認定こども園（定員160人）
所在地　福岡県久留米市大善寺町宮本791
法人名　学校法人一隅学園
竣工年月　2020年6月

004

SORATOBUKUJIRA UMI NURSERY

空とぶくじら幼児園 うみ園

園舎そのものが
まるで海の中のゆうえんちに

遊具で波を、照明でクラゲを
設備を活かして海の情景を描く

認可外保育園から認定こども園成を目指すために、新しい園舎を建てたいというご相談を受けました。しかし、本敷地の限られた面積の中で整備をしなければならず、設置基準は満たしているものの、子どもたちがのびのびと走り回れる環境としては十分とはいえませんでした。その課題を解決するために「園舎内を丸ごと遊具に見立てる」という提案をし、雨天でも真夏でも、子どもたちが遊ぶことのできる全天候型の園舎という方向性になりました。そして、「空とぶくじら」という園名にちなみ、最終的に園児たちが海の中で遊んでいるような、水族館の中のお魚たちになれるような「海中遊園地」というコンセプトにたどり着きました。

園舎に足を踏み入れると出迎えるのは広がりのある遊戯ホールです。見上げると吹き抜けの天井にはネット遊具がぶら下がっています。

この網目がゆらゆらと波のような影を落とし、淡いブルーで彩色された腰板とともに、まるで海中にいるかのような雰囲気を演出しています。

吹き抜け天井から吊るされた細長いアート照明は、水中をぷかぷかと浮かぶクラゲを表現。海の情景を描くのに一役買っています。

吹き抜けの開口部から自然光がたっぷりと降り注ぐ明るい〝海底〟で、子どもたちは自由な遊びの時間を楽しんだり、お昼を食べたり、絵本を読んだりと豊かな時間を過ごしています。

このように空間を広くゆったりと使うことで、自由で豊かな世界を表現しています。

水中の気泡柱をイメージしたネットで遊ぼう

Bubble Column

まるで海中にいるかのようなランチホール

吹き抜けには気泡柱をイメージしたネットの遊具があります。１階の遊戯ホールから見上げると、まるでネットが水面のように見え、また１階の床には波間のような影を落とし、その様子はとても幻想的です。

My Favorite Point by 空とぶくじら幼児園 うみ園 **福田憲彌** 総園長

子どもたちの好奇心が湧く遊具のような園舎

園舎づくりでこだわったのは、子どもたち、保護者、職員が毎日来たいと思えることでした。子どもだけでも、大人だけでもなく、みんなが毎日楽しみになる場所にしたいと考えていたのです。

雨が降れば外では遊べず、子どもたちは室内で過ごします。その室内にいろいろな仕掛けを施すことで、ワクワク、ドキドキすることができる場所づくりを目指しました。

野口先生は私たちの園舎づくりに対する想いに賛同してくれました。この想いを実現するため、いろいろとディスカッションを重ねながら、出来上がった園舎はまるで水族館のようで、その感動はひとしおでした。

今まで何回か園舎づくりの経験はありましたが、ここまで自分たちの想いを汲み取ってもらえた経験はなく、自分たちの想いが形にできたという感動を今でも感じながら、ゆとりと遊びのある園舎で、ゆっくりと子どもや保護者に関わりながら楽しく保育を行えています。

海の中をのぞいてみよう

Let's Look into the Sea

子どもたちの好奇心をくすぐる仕掛け

子どもたちは、伝声管《でんせいかん》に声を吹き込むことで音の伝わり方を体感します。それぞれ径の異なる２種類の伝声管にすることで音の伝わる速さ、大きさが違うことを発見することができます。

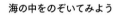

子どもの好奇心や関心を大切にする園舎づくり

保育室の引き戸には、ガラスに赤い丸や灰色の曲線、黒の楕円などちょっと不思議なマークが描かれています。実はこれ、扉を引くと二つのマークが重なり合って一つの絵となり、アシカやペンギン、くじらやイルカなど海の生きものが登場する仕掛けなのです(写真上)。

アシカ組はアシカマーク、ペンギン組はペンギンマークとそれぞれ組名を示しています。パズルのようなこのサインを通して、2つのマークが重なると1つのものができるんだ、といった発見や気づき、いったい何になるんだろうと考える機会をいろいろなところに仕掛けようと考えたものです。このような仕掛けをちりばめることで、子どもの好奇心をくすぐり、発見する楽しさや喜びを育むことを意図したデザインとしました。

室内を充実させるだけでなく、子どもたちが外の空気に触れる時間は必要です。そのため軒を深くした半屋外空間をつくることで、雨天でも外の空気を感じながら遊ぶことができます。

また、軒下には園名のくじらをモチーフとした風見鶏を置きました。くるくる回るくじらを見ながら、子どもたちは風を感じることができます。

元気いっぱいに体を動かせる空間をつくりつつ、好奇心や探求心をくすぐることで、子どもの成長につながることを総園長と一緒に園の設計に込めました。

広い軒下なら雨でも外で遊べる

園舎の軒下スペースを、できる限り広く確保し、雨の日でも子どもたちが遊んだり、友達と話をしたりして、楽しめる空間をつくりました。雨の日に外遊びするのは、おうちではなかなかできない不思議な体験です。なかには朝から雨降りだと喜ぶ子もいたり、普段は絵本やお絵描きが大好きで、あまり外に出たがらないのに、雨降りの日には大きな軒の下で大はしゃぎという子もいます。

もしもし、聞こえますか？

Hello, Can You Hear Me?

施設名称	空とぶくじら幼児園 うみ園
事業内容	認定こども園（定員100人）
所在地	福岡県糟屋郡宇美町貴船2-41-27
法人名	有限会社M.G.S
竣工年月	2018年7月

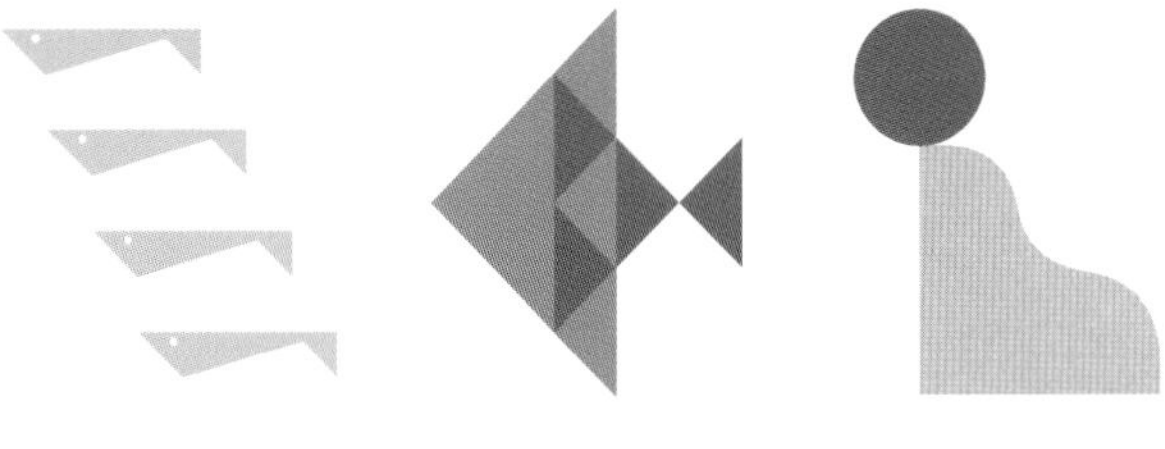

社会課題の解決にデザインを通して貢献している福岡の株式会社テツシンデザインによる各種サイン。空とぶくじら幼児園 うみ園をイメージして海に関連したサインとなっています。

Draw a Dream #1

土地開発の進んだ都心部では、新たに園舎をつくるのにさまざまな困難が伴います。2020年に開園した福岡県福岡市にあるストロベリーヒルズでは、限られた敷地でも子どもが元気いっぱい遊べる園舎にすることが園長先生からのオーダーでした。

005

地域・保護者・子どもたちを
縁でつなぐ“まぁるい”園舎

STRAWBERRY HILLS NURSERY

ストロベリーヒルズ

待機児童が
街からいなくなりますように

生活道路と電車、マンションと戸建て住宅に囲まれた、都心の園舎。毎日通り過ぎる電車に手を振るのも、子どもたちの楽しみのひとつです。

女性の社会進出により、保育園の需要は近年高まってきました。一方、保育園や保育士不足は改善されないため、待機児童問題が深刻化しています。

そして、新たに施設を建てる際に、都心部の土地不足が施設整備の妨げにもなっていました。

また、住宅密集地での保育園開園にあたっては、さまざまな地域課題を考慮したうえで、どれだけ子どものことを考えた施設をつくれるかが重要になってきます。

施設名称　ストロベリーヒルズ
事業内容　認可保育園（定員90人）
所在地　福岡県福岡市東区三苫4-1-17
法人名　社会福祉法人わおん会
竣工年月　2020年3月

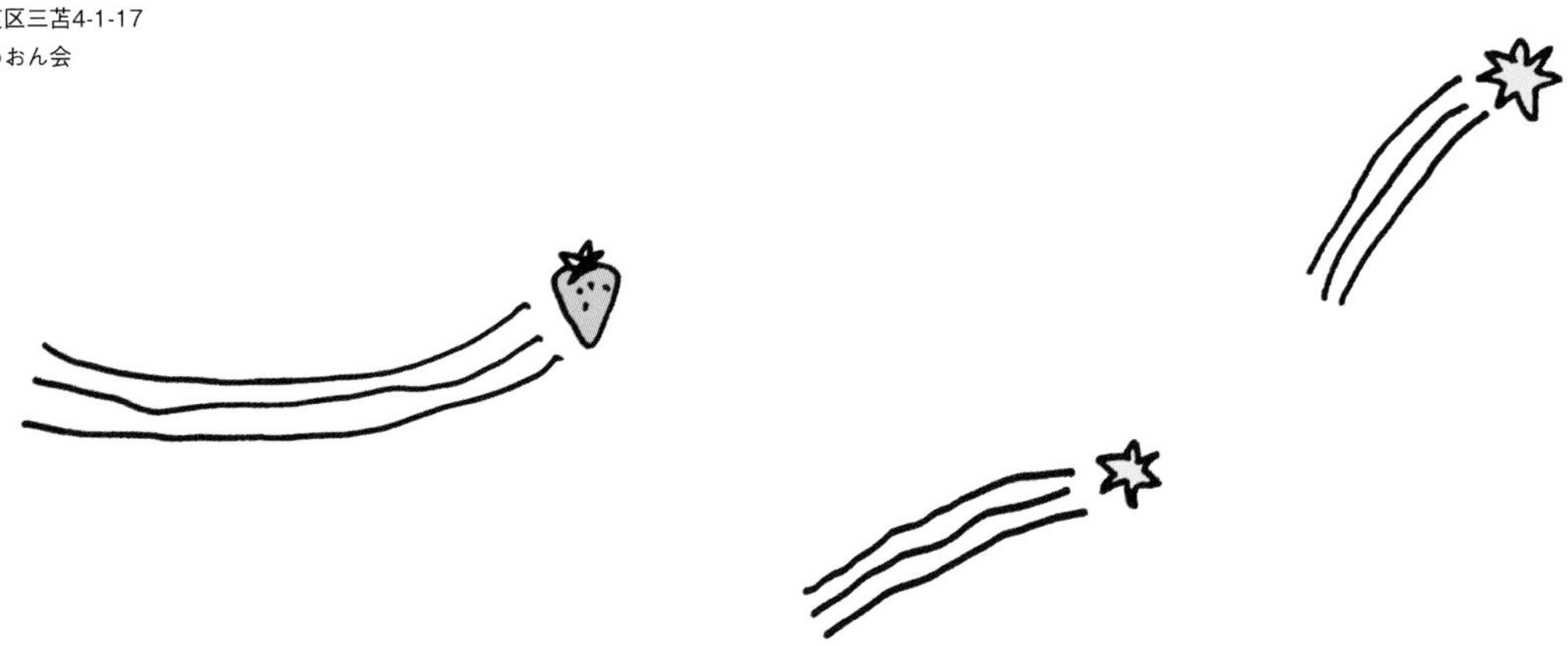

都心部の難しい条件下で園児がのびのび過ごせる空間設計

本計画地は、東側に線路が走り、北側はマンション、南側に住宅、そして西側には生活道路と四方を囲まれた場所でした。居住地帯に園舎を寄せるとプライバシーの問題があり、かといって道路側に寄せると安全面での心配があったのです。

この課題に対して、最適解を導き出し、園児たちがのびのびと通える保育園をつくりたいというのが園長先生からの依頼でした。

発想の転換で「ここだけ」の価値を見いだす

丸い園舎を考えたのは、周囲の環境からどの方向からも適切な距離を保つことと、回遊性のある廊下にして園児たちが室内でも元気に走れるようにしようと考えてのことです。

また、設計のもう一つの大きなポイントは、大きな屋上園庭をつくることでした。安全を考えて道路に近い１階には広い園庭はつくらない。しかも屋上園庭ならば、その分建物面積を大きく取れます。丸みをもった外観で周囲への圧迫感を減らし、園児たちが外で大空を見て新鮮な空気を吸えるように、と考えた結果できたのが、丸い園舎だったのです。

2

地上園庭は すきまを活用し、砂場などに

土遊びは、地上の園庭に砂場、体を使った遊びは屋上園庭、雨の日は室内の遊具。限られた空間でも元気いっぱいに遊べる園舎となっている。カラフルなローカル電車を間近に見ながら、砂遊びをする園児たち。

1

広々とした 屋上園庭

円型の屋上園庭で遊ぶ園児たち。都心で広大な土地が確保できない保育園や幼稚園でも、工夫次第でのびのびと体を動かせる施設をつくることができる。この屋上園庭は、ぐるぐる回遊することができ、活動の幅を広げている。

青空の下、子どもとともに電車を見送る まぁるい園舎

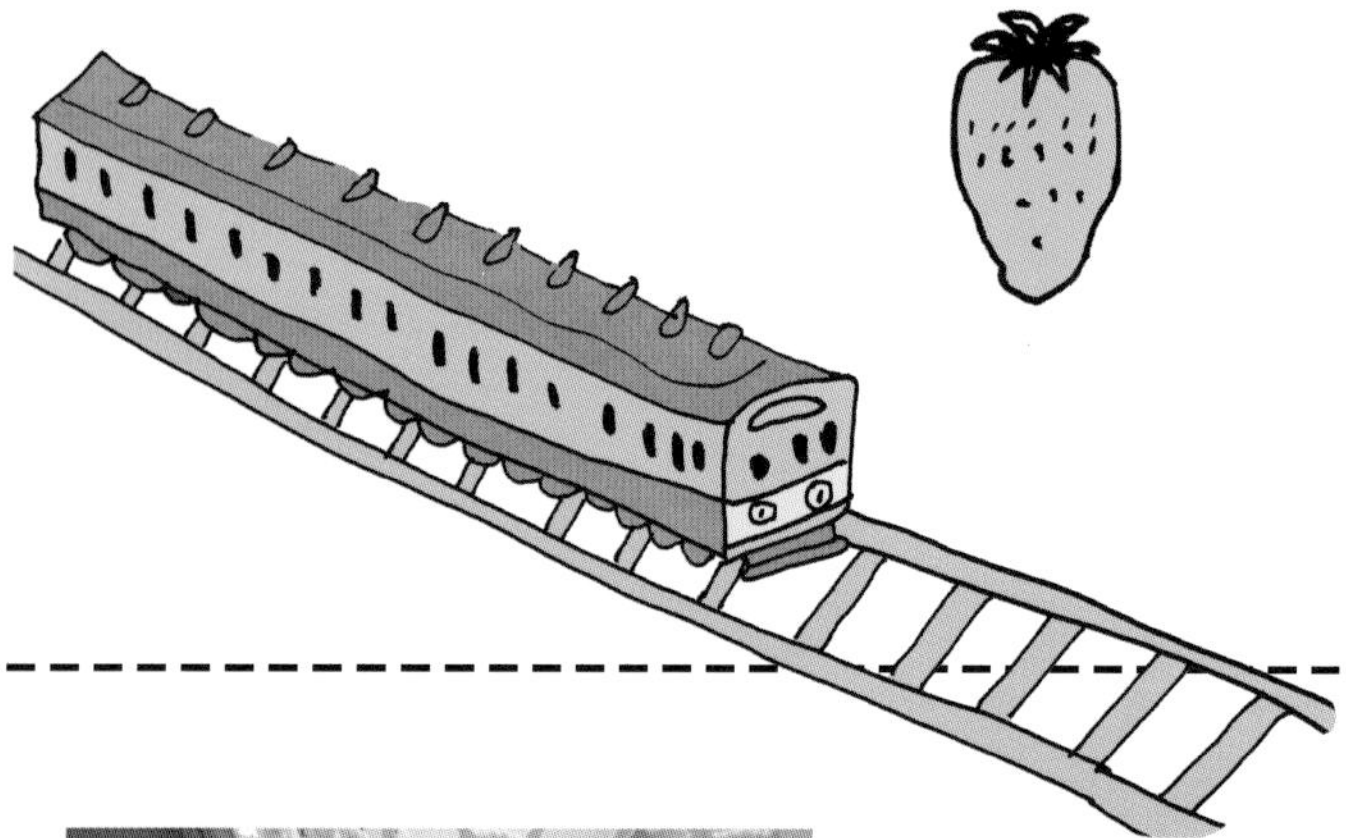

3

園舎全体が 子どもの遊び場

「死角をつくりたくない」「効率的で合理的な間取りに」は大人にとっての都合。でも、子ども目線で考えると廊下も通路もワクワクが詰まった場所になる。危険を取り去ったうえで、楽しくて自由な空間を考えた。

ストロベリーヒルズ
宮部哲 園長

建築家の野口さんには最初に「今までにない斬新な園にしてください」とだけお願いしました。そのあとはパースや模型を使いながら提案してくれて、その完成イメージが想像以上なので打ち合わせがいつも楽しみでした。特に内装については、複数のパースを何度も修正しながら粘り強く提案してもらったのが印象的です。

開園後、園舎に初めて訪れる人は皆さん瞳をキラキラとさせています。その表情を何度も見られるのが幸せです。この園で過ごす園児たちが屋上園庭やテラスで何周も走り回る様子を見て、円形の園舎だからこそできる遊び方だなと感心しています。

絵本コーナーでは階段やベンチで読書に集中している子やトンネルに隠れて遊んでいる子、ぐるぐると走り回っている子など一つの空間でたくさんの遊び方をしています。土遊びは外で、体を使った遊びは屋上園庭で、雨の日は室内の遊具と多様な遊び方ができる。子どもたちがのびのびと過ごす姿を見て、この園舎が子どもたちの力を引き出していることに気がつきました。

4 好奇心をくすぐるトンネルやはしご

はしごをのぼって上の窓から抜ける道、四つん這いになって下から抜ける道。トンネルを進むとどこにつながっているのか、子どもがわくわく、ドキドキするような仕掛けを至るところにつくって楽しく過ごせるような施設に。

5 階段下の秘密基地

子どもたちに人気の場所は、階段下のアナグラ。一歩足を踏み入れると、そこはまるで絵本図書館。わくわくする秘密基地のような場所に絵本があることで、自発的な読書体験を生み出している。

6 子育て支援、地域交流の場として

地域との交流の場としてつくられた多目的ルームでは、近隣の子育て支援や地域の子ども向けの英語教室、プログラミング教室にも開放されている。部屋の仕切りを取り外せば、広い部屋として園児たちの体操の場にも。

STRAWBERRY HILLS NURSERY

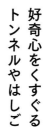

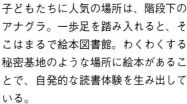

STRAWBERRY HILLS

都会のなかのジャングルジム

街のなかに突如現れた
円型のストロベリーヒルズは
子どもたちがわくわく、
ドキドキする仕掛けがいっぱい。
保育園はただ子どもたちを収容できれば
いいわけじゃない。
都会のなかで狭い土地だからと、
いろいろなことを諦めなくてもいい。
元気いっぱいの子どもたちが、
縦横無尽に駆け回れて
張りめぐらされたネットをよじ登ったり、
小さなトンネルをしゃがんで進んだり。
子どもたちだけが体験できる空間で
すべての場面に大人が関わるのではなく、
子どもたちの自発的な学びや
コミュニケーションが生まれる。
それはまるで都会のなかに突然現れたジャングルジム。

STRAWBERRY HILLS NURSERY

#トイレ

Point!

- ☑ 従来のトイレのイメージをくつがえすアイデア
- ☑ 明るく風通しの良い空間
- ☑ きれいで清潔なトイレ
- ☑ 共有空間を大切にする心を育む

自主性を育み成長を促す「楽しい」トイレ

風と光に満ちた明るい空間

従来、トイレなどの水場は日当たりの少ない北側や窓のない隅に配置されることがほとんどでした。トイレは狭くて暗い場所。そんなマイナスの印象を、根底から変える必要があると考えています。

私たちがつくるのは、風と光が通る「楽しいトイレ」。可能な限り風通しが良い場所を選び、自然光を取り入れる設計に。いつも明るくて清潔な場所ならトイレが苦手だった子もそこに行きたくなり、丁寧に利用したくなるはずです。

また、みんなが楽しく使う場所であれば、その状態を維持したいと思うようになり、自然と汚さないように使おう、汚れたらきれいにしよう、という思考が働くようになります。

共有スペースを大切に使うという心を育むことで、他者への思いやりや気遣いを醸成するという効果も得られます。

#調理室

Point!
- 「見える調理室」でコミュニケーションが生まれる
- 一人ひとりの成長に合わせた食事で発育を支える
- 食を通して生きる力を育む

成長の過程をいつもケアできる顔が見える調理室

調理室を見せる場所に

給食の準備中でも子どもの姿が見える。これが私たちの考える調理室のスタンダードです。

ガラス越しに調理室が見えることで、子どもたちは「今日のご飯は何だろう？」と楽しみになりますし、つくってくれる調理師さんへの興味関心、感謝の気持ちも育まれます。近年オープンキッチン型の飲食店が増えている理由も同じで、つくられる過程や臨場感など、食べる前から食のことを考える機会をつくることの大切さが重視されてきています。

また、調理師たちも見られることで、園児たちに美味しいご飯をつくろうという気持ちや調理室をきれいに保とうという気持ちも強くなります。

さらに、同じ月齢の子でも、成長のスピードやその日の体調は一人ひとり異なります。子どもに最適な食事を提供することで発育を支えるためには、調理師と保育士の綿密なコミュニケーションが必要です。

#家具・収納

Point!
- ☑「片付ける習慣」を身につける収納計画
- ☑整った空間は「美的感覚」を磨いてくれる
- ☑整理整頓の習慣が身につくことで自己肯定感が育まれる

機能的で使いやすい お片付けが楽しくなる家具・収納

整理整頓という成功体験が自己成長のベースになる

生きる力を育むうえで大切な感性やセンス、美的感覚は小さい頃に過ごした環境に養われるものです。例えば、汚い空間で過ごすことが多ければそれに慣れてしまい、注意力散漫な状態が当たり前に。反対に、整理整頓された空間で過ごす時間が多いほどそれがスタンダードになり、子どもたちは集中力を養うことができます。

具体的には、「ついついしまいたくなる」という楽しさを醸成する「感情面」、「本を読み終わって立ち上がった瞬間、目の前に棚が見える」レベルでの「構造面」、しまう道具の種類ごとに色や名前をつけて「揃えたくなる」ようにする「デザイン面」、また子どもにとっての使い勝手や耐久性を考慮した「素材感」や「安全面」などに注意したいものです。

こうしたさまざまな観点から「お片付け」を「楽しい」と思えるようになれば、物事を順序だてて考える力や、何が大切なのか優先順位をつけながら見極める力といった「自立した大人になるために大切な、生きる力」の基礎を育むことにつながると私たちは考えています。

＃園庭

Point! ☑子どもたちに「原体験」を届ける自然に近い園庭を
☑不測の事態の存在を知ることで、失敗や困難に際し考える力（リスク回避能力）が養われる

情緒を育み、感性を磨く。
自然を感じる起伏のある園庭

施設だけが保育ではない 園庭がもたらす保育への効用

園舎設計において、大切なのはもちろん園舎そのものです。しかし、そもそも幼児期の保育において大切なことは、感性の「種」を一つでも多く子どもたちの体や記憶に刻むことであると私は考えています。そこに大きく貢献するものが、「園庭」です。

もちろん、狭小地や周辺環境などの条件や事情からスペースを確保できない場合もあるかと思いますが、可能な限り、園庭で遊ぶ子どもたちの姿を考えて設計してきました。

地元の木を使ったアスレチックや遊具。築山や池など、まるで自然のなかで遊んでいるかのような起伏のある園庭。登ったり降りたりを繰り返すことで、必要な筋肉や感覚を養うことのできる園庭。また、時には「転んで怪我をすると痛い」ということを、あえて学ぶ園庭があっても良いかもしれません。

園庭のコンセプトをしっかりと考えることで、子どもたちは勝手に遊んで勝手に情緒が育まれ、自然と感性が磨かれていきます。

Part 2 Grow New Cultures

伝統を受け継ぎ、新たな文化を育む｜新築・改修８選

006

COMOREBI TERRACE MATOBA

こどもの森保育園 こもれびテラス的場

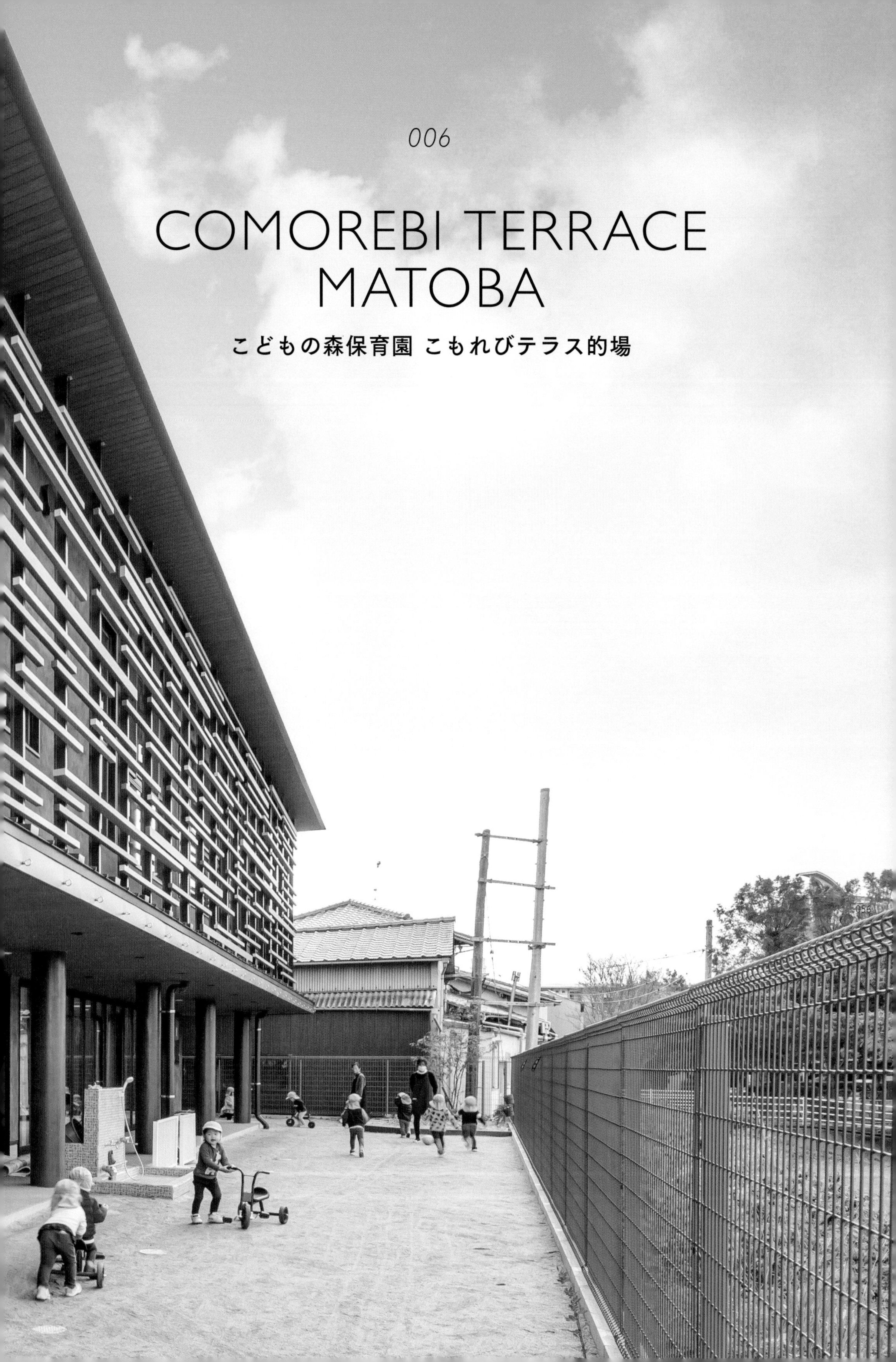

子ども、親、先生。みんなを優しく〝木漏れ日照らす〟

地域の伝統や文化を肌で感じる学び舎

計画地は福岡市のベッドタウンとして住宅が広がるなか、敷地の西側には潤沢な緑地が広がっており、環境に恵まれた敷地でした。園舎内の随所に、福岡の伝統工芸である博多織や博多曲物を踏襲したデザインを施すことで、地域の顔となり、子どもたちが地域に見守られながらのびのびと成長できる保育園となることを目指しました。

解決すべき課題は「日本全国で問題となっている待機児童」。都市部に地域密着型の保育園を建設することで、次世代に続く郷土愛を育める環境を生み出す必要性を実感していました。その理由は、子育てを経験した私自身の体験によります。竣工後、「的場」という地域への保護者・園児の興味・関心が増していることは、自分たちの生きる場所への深い感謝につながっていると感じています。

この課題解決のために施した建築的アプローチとして、敷地周辺にある潤沢な緑地と施設を緩やかにつなぐことで緑地を借景かつ園庭として活用することを考えました。緑地や園庭で過ごす子どもたちの姿は地域に活力を与えています。また、外観に「的場」という地名の由来である伝統儀式の「流鏑馬」からもたらされる「流れる矢」の様子をルーバーに施しました。このルーバーは、外部からの視線を遮りながらも、中からは外が見える「錯視」の技法を用いた装置として機能しています。

また、内部も随所に新しい試みを取り入れています。園庭との間を大開口でつないだ「開放的な保育室」や、ルーバーの間を縫って光の降り注ぐ「木漏れ日の保育室」。保育室から覗くことのできる「見える調理室」や、調光調色可能な最新の照明を用いた「照明計画」、暗くて汚いという印象を一切排除した自然光を取り込み風の通り抜ける「明るいトイレ」を設計。クラスごとの垣根を減らし、風通しのよい空間となることを目指しました。子どもたちが施設内のどこにいても、自然の移ろいを感じながら活動できることを考慮しています。

保育園のハード面となる建物に、日本ならではの文化である畳スペースや、博多の伝統文化である「博多織」や「曲げわっぱ」等のデザインを取り入れることで、子どもたちの伝統文化への興味を引き出しています。ハード面はソフト面へも影響を及ぼし、文化を継承する保育活動を誘発しています。実際に、この園では保育の一環として「博多祇園山笠」などの「博多の文化」に触れる活動を行っており、子どもたちの興味を引き出し、伝統文化の継承が希薄になっていることへの問題解決につなげています。

従来の子育て環境の課題を洗い出し、「郷土愛を育む」「待機児童を減らす」「自然に触れることのできる安心・安全な環境をつくる」ことを目指した結果、共働きで子育てに十分な時間を取ることのできない保護者も、積極的に子育てに取り組めるような仕組みを創出することができるようになりました。また、多くの園児を抱える保育士の働くモチベーションも向上し、円滑な園の運営に寄与しています。

浮遊する光と緑のモニュメント

Floating Lights and Green Monuments

ふるやの もり

「博多曲物」の端材を利用した
クラスサイン

Magewappa

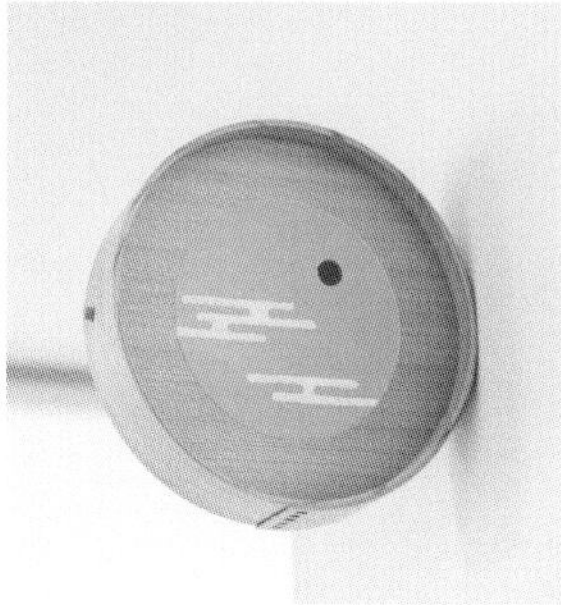

織物や工芸品、地域に根付く
伝統文化を肌で感じる現代の寺子屋

　室内にも博多の伝統工芸品を採用し、クラスサインは「博多《はかた》曲物《まげもの》」の端材を利用しました。再利用することで「ものの大切さ」を伝えることも意識しています。博多曲物はスギやヒノキの板に熱を加えることで曲げ、綴じてつくられるものです。風、山、川といったクラス名に合わせたイラストが描かれています。

　地域の伝統や目の前に広がる光景を、子どもたちが大きくなったときにいつか思い出してもらえるようにと、地域に関係することを設計や意匠に取り入れるようにしています。保育園はただ子どもが過ごす場所ではなく、地域のシンボルとして、そこで育った子どもたちにいつか思い出してもらえればと思います。

　この施設を出て大人になってやがてまたここに戻って子育てがしたい、ここで働きたいという循環が生まれればという想いが込められた園舎です。

施設名称	こどもの森保育園こもれびテラス的場
事業内容	認可保育園（定員90人）
所在地	福岡県福岡市南区的場2-19-15
法人名	株式会社blan.co
竣工年月	2021年3月
受賞歴	第16回キッズデザイン賞、iF DESIGN AWARD 2023 German Design Award 2024

007

MAYA KINDERGARTEN

摩耶幼稚園

新しいのに
どこか懐かしい

軒と高窓の工夫で光をコントロール

球磨川のせせらぎや田園風景が心を落ちつかせる、自然に囲まれた美しい町・熊本県球磨郡あさぎり町。この地で創立50周年を迎えた中球磨幼稚園の当時の理事長は、老朽化による建て替えを検討するなかで野口直樹建築設計事務所の存在を知ってくれました。

少子化に伴い園児が減っている今、地域の子どもたちに残せる園をつくりたい、という要望を聞いて私が提案したのは「過去から現在、そして未来へとつなぐために旧園舎の木造平屋建てを踏襲した設計」です。

建物は伝統的な木造軸組み工法を採用しました。また、地産地消の観点から地域材を使い、地元の施工者の技術を活かすことに。自然が溢れる周辺環境に調和するだけでなく、園児たちがいつまでもあさぎり町を、そして園を身近に感じてくれるように、という願いも込めています。

建物の形状はシンプルな矩形《くけい》ですが、四方に庇《ひさし》を出すことで光と風を呼び込み、屋内外が緩やかなつながりを感じられるつくりにしているのもポイントです。太陽光をコントロールし、柔らかな光を室内に取り込むことができ、外壁の劣化も防ぐことができます。庇の下に軒下空間をつくることで、ホールからつながるテラスまでの一体感を演出。こうすることで、雨の日でも濡れずに外の空気を感じながら園児たちが遊ぶことができます。テラスがステージのようになっているので、舞台に見立てて遊んでいる子もいるようです。

そして、遊戯ホールは吹き抜け空間とし、ハイサイドライト（高窓）を設置しました。室内にいても明るい日差しが園児たちのもとに降り注ぎ、スポットライトのように照らします。このホールは地域にも開放し、学童や子育て支援など地域交流の場としても活用され、いつも明るい声が響き渡っています。

本園は細長い敷地内での建て替えだったので、旧園舎跡地をグラウンドとし、運動会や体育で使用できる第二園庭としました。新園舎を挟んで、元あった園庭は、緑溢れる第一園庭に。第一園庭から第二園庭まで、新園舎のホールを介して見通せる、開放的で一体的な空間になりました。

心地よい風が室内を通り抜け、園児たちはこの窓からそれぞれの園庭へと飛び出し、自然のなかを元気に駆け回る――。まさに、環境全体が子どもたちの活動の場となっています。

中球磨幼稚園は今回の建て替えを機に2019年に園名を「摩耶幼稚園」に改名し、認定こども園へと生まれ変わりました。名前も園舎も変わってしまったことで、旧園舎時代の卒園児からは「別の園になったな」と思われないかという懸念もありました。しかし、偶然逢った20年前の卒園生が「昔の姿が引き継がれていて、新しいのにどこか懐かしい感じがします」と言ってくれたことで、これまでの歴史をしっかりと受け継ぎながら、園舎に新しいものを吹き込めたと、ホッとしたことを覚えています。旧園舎が半世紀にわたって愛されてきたように、新生・摩耶幼稚園もまた、園児たちのはじけるような笑い声をたっぷりと吸収して、あさぎり町の未来を明るく照らす存在になってくれることを願っています。

遊戯ホールからのぞむ第二園庭

第一園庭からのぞむ園舎

施設名称	摩耶幼稚園
事業内容	認定こども園（定員30人）
所在地	熊本県球磨郡あさぎり町免田東1912
法人名	学校法人中球磨学園
竣工年月	2019年6月
受賞歴	第14回キッズデザイン賞

008

HIBARI NURSERY

ひばり保育園

子どもたちのもう一つのお家
ことりたちが、大空に飛び立つように

計画地の環境の制約も
コンセプトの力で一体化

計画地は福岡県筑豊地方の中心部に位置し、山々に囲まれた盆地。本計画は老朽化した園舎を更新する時期であり、待機児童の解消も踏まえ定員を増やして建て替えを行うものでした。増員に伴い、新園舎は移転した土地に建てることになりました。旧園舎同様、新園の計画地も田園風景のなかにあり、自然を身近に感じることのできる豊かな環境でした。ただし、間口約17m、奥行き約60mという「うなぎの寝床」状の細長い敷地に建て替えるという制約がありました。その後、隣接地に園庭を整備することになりましたが、この場所は「農業振興地域」のため、すぐに農地転用することができないと判明……。一度に計画できない難しさはありましたが、園庭が隣にできることを前提とした計画に尽力しました。

さまざまな条件を考慮し、園舎は南北に一文字に配置した2階建て鉄骨造とすることに。周辺環境になじませるため、屋根形状は切妻屋根とし、外装、軒には木の質感を持たせました。この外観の印象と園名の「ひばり」から「ことりのお家」をコンセプトに、全体的なデザインを施すことにしました。子どもたちには、このことりの巣箱のような園舎から、大きく羽ばたいていってほしいという想いを込めています。このコンセプトをデザインに反映した特徴のひとつとして、ランダムに配したランチルームの開口部が挙げられます。子どもたちのスケールに合った高さに窓を配置させており、一方で外から見ると、この不規則性がことりの巣の穴のようにも見えるという仕掛けです。こうして、外と中のつながりを感じることができるように工夫しています。

コンセプトから生まれたデザインとして、ほかにもランチルーム内の絵本コーナーの中央に配置せざるを得なかった構造柱があります。木をモチーフとしたデザインにすることで、構造柱としての必然性をデザインによってシンボルツリーへと再構築しています。多目的に活用できるよう、白で表したこの柱は、子どもたちの絵を飾ったり、イベントの飾りが掛けられたりと、どんな場面にもなじみながら、誰よりも子どもたちを見守るシンボルツリー＝大黒柱のような存在になってきています。

また、構造の観点からも、内部から外部につながる開放的な軒下空間とすることで、自然の光と風を十分に取り込むことのできる断面計画としました。

こうした計画地の形状、周辺環境との調和、構造上の選択肢の少なさなどの制約があっても、コンセプトを丁寧に紡ぐことで、「子どもも大人も一瞬でその場所を好きになり、主体的に関わりたくなる園をつくることは可能である」と改めて実感させてもらった園舎でした。

竣工後、無事に園庭も完成し、現在は子どもたちが日々の生活のなかで自然を感じ、共存する感性を育むことのできる環境づくりに貢献できたのではないかと考えています。豊かな自然のなかで、健やかに子どもたちが成長して、このもうひとつの「お家」を巣立っていってほしいと願っています。

My Favorite Point by ひばり保育園　細川義朋 理事長

子どもたちの自主性が育つ「ことりのお家」

園児たちが過ごす園舎は、その安全性や快適性をはじめとして、子どもたちが心身ともに健やかに成長していくための重要な役割を果たします。今回の設計においては、子どもたちの視点に立った細やかな配慮がされていることがとても印象的でした。

例えば、園舎内の色使いは、明るく温かみのある色合いを採用することで、子どもたちが居心地のよい空間を感じられるようになっています。また、室内のレイアウトや家具の配置にも、子どもたちが自由に遊べるスペースを確保する工夫がされていて、子どもたちの自主性を尊重する姿勢がうかがえます。自然と触れ合いながら学ぶことができるように、園庭に向け広く開けた窓、いつでもすぐに目の前の園庭に子どもたちが飛び出していけるデザインなど、限られた敷地の中で最大限に空間を活かす工夫がなされています。

これからこの園舎で過ごす子どもたちはこのようなすばらしい環境で育つことができ、心身ともに健やかに成長していくことが期待されます。

施設名称	ひばり保育園
事業内容	認可保育園（定員110人）
所在地	福岡県飯塚市小正45-1
法人名	社会福祉法人明見会
竣工年月	2017年3月

009

MIGITA KINDERGARTEN

右田幼稚園

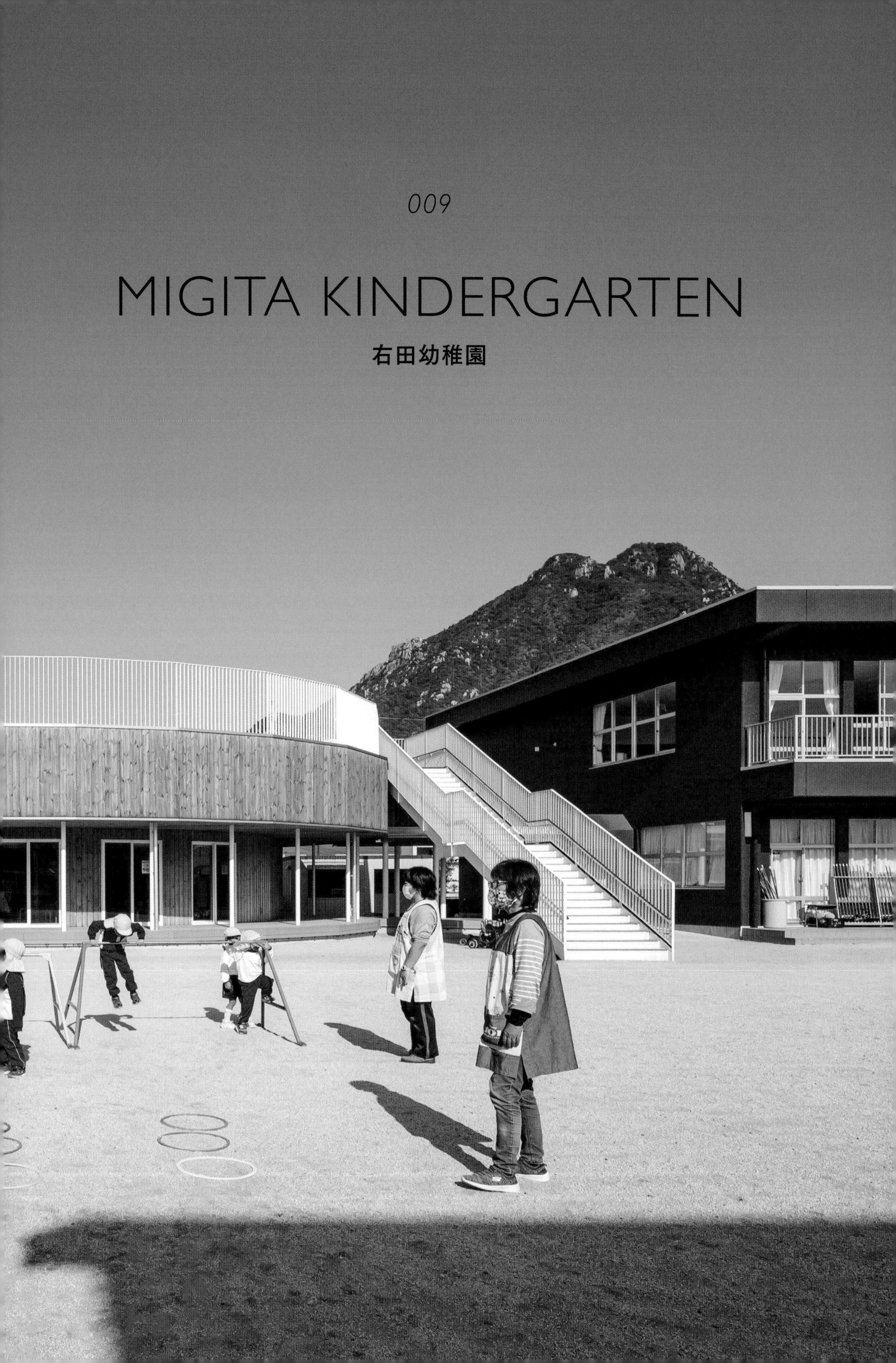

○と□
新旧2つの園舎

子どもたちを包み込む「タマゴ」のような新園舎

園舎の老朽化に伴い、建て替えか大規模改修かを検討していた右田幼稚園。耐震診断の結果がセーフだったことから、コストメリットを考えて大規模改修することに。立地的な条件から出る補助金などの兼ね合いもあったので、法的な基準だけでなく、さまざまな条件を加味したうえでの決断でした。

こうしてスタートした大規模改修でしたが、このタイミングで以前から検討していた「認定こども園成」を併せて目指すことになり、1・2歳児クラス向けの園舎を敷地内に新設する計画も同時進行となりました。

既存の園舎が長方形の鉄筋コンクリート造だったため、「新園舎は自然素材に触れさせることのできる、木の温かみを感じられる木造にしたい」という園からの要望がありました。木造の建物は梁や筋交いを細かく構造化できるため趣を演出しやすいですし、建築コストを抑えられるなどのメリットがありますが、反面、コンクリート造よりも耐用年数は短くなります。しかし、本園ではその経年変化も味わいとしてとらえ、大切に使っていきたいという想いが強くありましたので、その園の想いをしっかり形で表すべく、その姿勢や優しさを「円形」に落とし込みました。

長方形の既存園舎と、円形の新園舎が並ぶうえで、その機能面や稼働内容を考慮し、コンセプトをそれぞれに持たせることにしました。

1・2歳児の頃の保育に大切なのは、教育的管理の側面よりも、個々の感性に応じて活動できる緩やかな目線です。一方、幼稚園には保育園よりも教育の視点が求められますので、比較すると管理の要素が必要になります。

ふんわりと子どもたちを包み込み、自由な発想や気づきを育む「○(丸)い」新園舎と、育った芽をしっかりと育て、幼児教育として必要な素地を伸ばしてあげるための「□(四角)い」既存園舎。このメリハリを一体化させるための大規模改修と新園舎の設計としました。

シンボリックな円形の新園舎は、子どもたちを包み込む「タマゴのイメージ」。上から見ると、正円ではなく既存園舎の長辺と呼応するように少し横に広がった楕円形の構造になっています。

この円の外周は屋根を張り出し、軒下を大きくとってその下にウッドデッキを設けました。各教室には、この外廊下を通って移動します。外と中の境界を曖昧にすることで開放感を演出するとともに、雨の日でも濡れずに駆け回ることができる構造です。子どもたちは、こうした一見無駄に思える構造や仕掛けも目の色を変えて喜びます。私たち大人は「すぐに移動できる」といった遊びの少ない合理性のなかで生きていますが、幼い頃はそうではなかったはず。そんな余白と遊び心をしっかり園舎に込めました。

また、屋上にも園庭を設け、グラウンドとの機能を分けることに。この屋上にはトップライトを設け、子どもの視点で室内のホールを覗き込むことができる仕掛けを施しました。このトップライトから外光を取り込むことで、室内を明るくすることができ、一日の時間の移ろいを感じることもできます。

「○で育み」「□で育つ」。この地域の子どもたちの礎を築く環境整備のお手伝いができたことをうれしく思います。

My Favorite Point by 右田幼稚園 弘中貴之 理事長

みんなが安心して成長できる seeds型とneeds型デザインの融合

元気いっぱいに遊ぶなかで子どもたちは成長していきます。しかし、一方で危険を察知しにくいという面があります。危険要素は取り除き、自主性を促し成長につながる要素は残しておきたい。園児・保護者・保育教諭の皆さんと話し合い、その想いを野口さんが形にしてくれました。

そして、機能や性能を担保しつつ「切れ目のない遊び空間」というコンセプトからこの園舎は生まれました。丸みをもたせた設計でありながら、各クラスは独立型ではなく、行き来ができるつくりになっています。また、カフェのようなガラス張りで調理風景がいつでも見える給食室があり、大きな窓からは採光が差し込み、子どもたち一人ひとりがゆとりの場を見つけながら好きな遊びに夢中になっていきます。屋上の園庭では子どもたちがのびのびと遊び、外廊下は園庭で遊んでいる子どもと室内にいる子どもの交流の場所になりました。

どこにいても、一人ひとりの息づかいが感じられるような優しい設計をしてもらっています。

施設名称	右田幼稚園
事業内容	認定こども園（定員91人）
所在地	山口県防府市下右田赤金258-2
法人名	学校法人慈恩学園
竣工年月	2019年3月

010

AOITORI NURSERY

青い鳥こども園

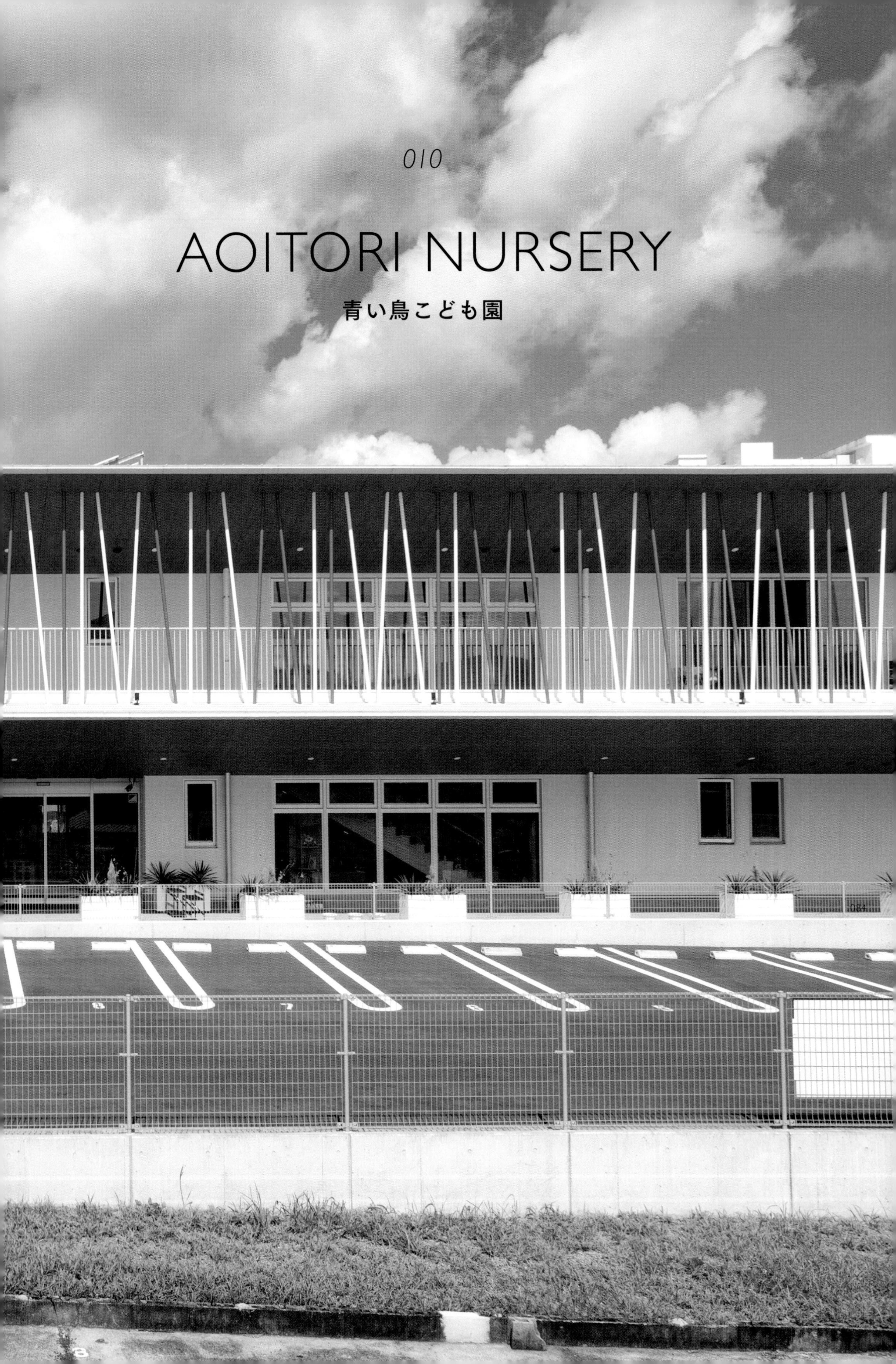

イメージは幸せの青い鳥。
やがて子ども（青い鳥）たちが
大空へと飛び立つように

すべては子どもたちのために
ギリギリまで諦めずに叶えた新園舎

同園は、別法人が運営していたところを現理事長が引き取り、息を吹き返した園です。経営が芳しくなく、子どもの数が減っていたため、「このままでは閉園も考えられる」という状態だったなか、突如理事長職を任された森さんは、もともと別業種の経営を長くされていることもあり、園ならではの慣習や慣例にとらわれることなく、体質の健全化や経営状態の好転に尽力されたと聞いています。

しかし、引き継いだ瞬間に思わぬ事態に見舞われます。理事長就任の挨拶で行政各所を回っていた際に告げられた、「あ、お宅の園舎は耐震の問題で建て替え対象ですよ」のひとこと。老朽化だなとは思っていましたが、アスベスト問題など安全な保育環境を提供できているとは言い難い状態だったこともあり、ほどなく建て替えに踏み切ります。

旧園舎には、もうひとつ、立地的に園庭のスペースがなく、隣接する公園を園庭代わりにしているという大きな課題がありました。もちろんそれでもある程度保育は賄えますが、安全面などを考慮した場合、部外者の入ることのできない環境で思いっきり遊ばせてあげたい、という理事長の強い想いがありました。

私のもとにご相談があったのは、制約のある環境でも、機能面とデザイン面のバランスを取りながら子どものための園舎をつくっているという評判を聞かれたからとのことでした。過分な評価に恐縮しましたが、理事長の異業種からの保育へのまなざしや、保育士さんたちの想いに触れ、なんとかこのプロジェクトを成功させようと建て替え計画をスタートさせました。

ところが何度かプランを更新し、四苦八苦していた私と同時進行で、実は理事長はまだ園庭のことを諦めきれずにいたのです。ある日、「近くの土地を見つけた！」と連絡をいただいた際は、その経営者としてのこだわり、諦めない粘り強さに感嘆しました。

ほどなくして、現在の敷地の現地調査に。すぐ後ろが竹藪だったことから、この「竹」と同化できるような表現ができないかと考えました。地域は子育てへの理解を示してくれていましたが、とはいえやはり、長年なかったものができる異物感もあります。そのマイナスをポジティブに変えるような、「今までになかったデザイン」かつ「その場所を誇りに思えるデザイン」をと考えました。結果として、山の向こう側から見える園舎に「ここは何？」と注目する人も多く、旧園舎しか知らない卒園生も喜んでくれているようでほっとしています。

外観は、竹藪と同化する青と白の化粧柱を組み立て、園名の「青い鳥」になぞらえて「青い鳥の巣を竹で編んだような」イメージに。

昼間と夕方で佇まいが変わり、違う表情を楽しませてくれます。

アメリカから取り寄せた強化ガラスのボルダリングウォールや園舎の真ん中に配したホール、希望通りの子どもたち専用の園庭など、子どもたちがこれまで以上にのびのびと活動できるための仕組みはソフト・ハードを問わずしっかりと取り入れました。保育士さんたちとワークショップを行い、クラス名を変更するレベルでのブランディングも行いました。すでにこども園にも認定され、園児も増えています。これからますます楽しみな園です。

My Favorite Point by 青い鳥こども園 森達己 理事長 木村美紀 園長

卒園生も見にくる目立つ外観 地元の新たなシンボルに

野口直樹建築設計事務所に依頼をしたのは、当園の職員の一人に野口さんのことを知っている者がいて、福岡を中心に園舎設計を専門にやっているということで一度来訪してもらったのがきっかけです。

実は旧園を卒園した木村園長は当初、思い出の詰まった園舎の建て替えには複雑な想いがありました。

でも実際に提案をしてもらうと、すぐに野口さんにお願いしようと決めました。青い鳥をイメージした斬新なアイデアも良かったですが、なんといっても何度も何度も私たちの要望を丁寧に聞いて形にしてくれることにとても誠実さを感じました。また、ご自身も保育園を運営されていて、運営にメリットになる細かい部分までを分かってもらっていることも絶大な信頼につながりました。

出来上がった園は、地域でも大評判になり、知り合いからはホテルみたいだねとも言われました。在園児たちの親だけでなく、卒園児や地域の人たちも見にくるほど、評判を呼んでいて、すばらしいアピールにもなっています。

施設名称	青い鳥こども園
事業内容	認定こども園（定員50人）
所在地	長崎県長崎市女の都4-14-3
法人名	社会福祉法人有志会
竣工年月	2023年1月

PLAYGROUND
CULTIVATION

011

どんぐりの木を中心にした園舎

MEGUMI AOZORA NURSERY

恵あおぞらこども園

開園当時、地元の人々や保護者の手によって植えられたどんぐりの木。建て替えに際して、伐採や移植が検討されましたが、次の時代へと受け継ぐために設計プランを変更しました。

今も昔もこれからも
どんぐりの木に見守られて

多目的空間として使える広い部屋には、時間の経過を体感できる仕掛けが施されています。美しい木材で組まれた格子組の天井は天窓があり、フロアにスポットライトのように日光が落ちます。時間帯によって光の位置が変化し、フロアのテキスタイルと日光が生み出す幾何学模様の移ろいを楽しめます。大開口の窓の外には各施設をつなぐウッドデッキがあり、園庭にもすぐに出ることができます。

この園舎はそれぞれ違った形の屋根をもつ7棟の建物が不規則に並び、思い思いの方角を向いています。独特な配置は1本の木がきっかけです。「開園時からあるどんぐりの木はそのままにシンボルツリーとして残しましょう」。それが私からの提案でした。

「この場所で数十年もの間、子どもを見守り続けてきた木を残して、新しい園舎をつくりたい。1本の木がそこに立って昔から子どもたちを見守ってきたんだという記憶を大切にしたい」

当初はシンプルな長方形のI型を予定していましたが、先生方の想いを汲み取って生まれたのが「木を中心に据えて建物を配置していく」プランです。

積み木を建物に見立てながら図面に並べ、どうすれば木を切らずに園舎が成立するかをパズルのように組み立てていったのです。結果、互い違いにくねらせて配置するのが最善でした。棟がずれたことで生まれた余白をうまく活かそうと考えました。結果として、お昼寝をしたり絵本を読んだりと、子どもたちが自由に過ごすことのできる豊かな空間が生まれました。

施設名称　恵あおぞらこども園
事業内容　認定こども園（定員125人）
所在地　福岡県古賀市米多比1378
法人名　社会福祉法人未来福祉会
竣工年月　2019年11月
受賞歴　第15回キッズデザイン賞

シンボルツリーのどんぐりの木をぐるりと囲むように、独立した園舎とそれらを結ぶ外廊下が続きます。どんぐりの木の周りはウッドデッキになっていて、どんぐりがコロコロと落ちて音が鳴ります。この音を聞いて子どもたちはどんぐりを拾いに集まってくるのです。合理性ばかりを追求していると、見落としがちな視点ですが「無駄」を「余白」ととらえることで豊かな空間が生まれました。

MEGUMI AOZORA NURSERY

ずっとそこにある、どんぐりの木に見守られて

1 シンボルツリーのどんぐりの木

開園時に地域住民と保護者が植えたどんぐりの木をシンボルツリーとして残した。卒園生でもある保護者が「あの木がまだ残っているんだね」と懐かしむ光景も。園舎は木を取り囲むようにランダムな連なりとなっている。

2 森の前に広がる大きな園庭

隣接する森と園舎に挟まれる形で造成した園庭には、グラウンドと自然を感じる庭の要素を同居させた。庭ゾーンには人工的ながら安全に自然を体感できる築山や土管、じゃぶじゃぶ池を設置。自然の森を背景とし、安全でアクロバティックな遊びを担保。

3 園庭にある子どもたちとつくる野菜畑

園庭に設けられた畑。地域の人と一緒に野菜を植えたり、収穫をしたりと交流が生まれる場になっている。種を蒔いて、芽が出てきて、時間の経過とともにすくすくと育つ野菜に子どもたちも興味津々で水やりをしている。

恵あおぞらこども園

蔵本まさ代 園長

旧園舎は築40年以上経っていて、老朽化からさまざまな不便さを感じていました。新園舎で特に好評なのは開放感のあるホールです。天窓から差し込む光が心地よくて特に気に入っています。子どもたちが日々の生活で自然と光の入り具合を体感できる。こんなにすばらしいことはありません。そしてもう一つのお気に入りは広々としたランチルームと図書室です。ちょっと無理をいってつくってもらったスペースですが、子どもたちの活動の幅が広がり、お願いして本当に良かったです。

野口さんのユニークな建物の配置によって誕生したウッドデッキでは、食事をしたり、遊んだり、室内での活動にプラスアルファが生まれ、特に年長の子どもたちの自主性が出てきたように思います。未来の子どもたちのための施設として可能性を秘めた魅力ある園舎をつくってもらいました。未来を築いていく子どもたちとともに、この施設のすばらしさに負けない園にしていきたいと思います。

4 ランダムに配置された7つの「箱」

シンボルツリーを囲むように、7つの建物をランダムに配置したことで、保育室から見える景色はすべて異なる。学年が変わるごとに、園児たちの記憶も少しずつ違うものになる効用として、画一的な保育から、それぞれの情緒を育む環境へと進化を果たした。

5 好奇心を駆り立てる蛇行した回廊

建物をランダムに配したことで、建物同士をつなぐ廊下も当然変則的に。ここで、廊下を直線で区切ることなく余白スペースをシームレスにつなげ回廊としたことで、回遊性が高まるという機能性と、先が見えないことが好奇心を生む効果をもたらしている。

6 天井高にも「ランダム」を踏襲し多元的な空間に

箱レベルでのランダムにとどまらず、天井にも高低差を設け、外から見るとまるで山の稜線かのような連なりを表現。建物ごとに異なる梁で屋根のつくりを変化させることで、保育室内にいる子どもたちは、その起伏を無意識のうちに「余白」として感じ取っている。

MEGUMI AOZORA NURSERY

SPECIAL CROSS TALK 1

自然を感じて健やかに
《こが育つ》園舎がつなぐ未来

2021年に「キッズデザイン賞」※を受賞した
福岡県古賀市の「恵あおぞらこども園」。
古賀市長の田辺一城氏と理事長の薄 秀治氏を迎え、
「チルドレンファースト」を施策に掲げる
古賀市における理想の子育てと
未来について意見を交わした。

地域と建築が担うべき役割

薄　田辺市長に「キッズデザイン賞」の受賞報告ができてうれしく思います。市長の理想とする子育てについて、ぜひご意見を聞かせてください。

田辺　核家族化が進むなか、子どもたちが大人と触れ合う機会が減っています。この世代間交流の喪失を大きな課題だととらえ、古賀市では「チルドレンファースト」のまちづくりを進めています。コミュニティが学校と連携して子どもたちを支える「PTCA（親と教師と地域住民の会）」で、優しさや包容力を伝えていけたら、と。

薄　共働きが当たり前になり子どもを預けざるを得ないケースも多く、待機児童の問題もある。子どもを「預かる・育てる・担う」使命の重要性を、近年ますます強く感じています。

田辺　昔は身近な親族や近所の人たちが面倒を見てくれていましたが、時代の変化ですね。

薄　子どもとの関わりの大切さをいかにして伝えるかも、私たちの使命です。特に0〜2歳の乳幼児期は、親との関わりが子どもの発育に大きく影響しますから。

田辺　子育ては一つひとつの積み重ね。すべての瞬間に立ち会えなくても、その瞬間に出会えることが大切ですよね。社会全体で親を支える仕組みが確立され、それが当たり前になって初めて、一人ひとりが幸せな時間を過ごせるのだと思います。

野口　私自身、待機児童問題に直面した当事者でもあります。つらいのは、育児の悩みを誰に相談していいのか分からないこと。地域や家庭の限界を感じた経験もあり、田辺市長の「PTCA」の発想は強く心に響きました。

「連続性」が生み出すもの

田辺　私の理想は「自然を意識できる場所」。緑に囲まれ、光や風を感じる空間。自然を「感じる」ことを大事にしてほしいですね。

薄　そのために、私は「中と外の連続性」が重要だと考えています。その点で、豊かな森に隣接する「恵あおぞらこども園」は立地に恵まれていました。

野口　旧園舎にあったどんぐりの木を中心に据

福岡県・古賀市長
田辺 一城
Tanabe Kazuki

1980年生まれ。慶應義塾大学法学部卒業後、毎日新聞社に入社。福岡県議会議員を経て2018年から現職。

社会福祉法人未来福祉会理事長
薄 秀治
Susuki Hideharu

「恵あおぞらこども園」をはじめ、幼稚園や保育園、発達支援施設など県内で複数の施設を運営する。

え、７棟の園舎を外廊下で緩やかにつなぎ、温かく囲むように園舎を配置しました。連続性と多様性を感じられる設計です。

薄　ちょっと外に出たら近所の友達に会える。そんなイメージを生み出すのも建築の力ですね。

田辺　画一的でなく、ランダムなつくりがいいですね。

薄　どこに立っても、違う景色が見えるんですよ。

野口　コンセプトは「記憶を継承する園」です。過去から現在、未来へと記憶を継承し、子どもたちが木々とともに、のびのびと成長する場になるようにと願いを込めました。

薄　庭の菜園が近くに見えるのもいいでしょう？園児やそのご家族だけでなく、地域の人々と育てた野菜をみんなで収穫し、調理室でつくった料理を一緒にいただきます。

田辺　すばらしい場所ですね。地域の人々にとっては、この畑が「目的」になる。生きがいができれば心身の健康につながるので、保健医療の観点でも重要な役割を果たします。うまく機能しているのは、野口さんが地域のニーズをしっかりとつかんで設計されたからこそ。でも、畑はもっと広くないと物足りないのでは？

薄　ええ、拡大の要望が多数あります（笑）。

「こが育つ」園舎

薄　この一帯の小学校区では、進学する児童の約８割が私たちの運営する「恵あおぞらこども園」と「やまびこ幼稚園」の出身です。園児の親がこの校区出身。卒業した園児のおじいちゃんがボランティアで菜園に来る。そんな世代間の「連続性」も広がっています。

田辺　それは心強い。地域みんなの顔が見えれば保護者は安心だし、相談相手ができる。古賀市では初産婦全員を訪問し、妊娠期から就学前までのサポート体制を築いています。その先駆けともいえるモデルケースですね。

野口　地域を愛する「こが育つ」ことこそ、未来をつくる出発点。「恵あおぞらこども園」はまさしくそんな場所だと思います。

田辺　「こが育つ」は、「古賀」「子が」「個が」とさまざまな意味を込めた古賀市のテーマ。うまくつなげてくださいました（笑）。やはり大切なのは、幼少期の積み重ねです。地域での経験の蓄積が、未来の選択につながる。こうした自然に溢れる空間は、テレワークや地方創生が加速する昨今だとむしろ評価が高まり、追い風になるのでは？

薄　おっしゃるとおりです。さまざまな規制や制限も続きますが、ワークライフバランスの発想が浸透して可能性も感じています。

田辺　ワークライフバランスといえば、親や地域の人も一緒に過ごせるよう、園内にコワーキングスペースを併設するのも面白そうですね。

薄　いいですね。

野口　次の施設の構想ができましたね（笑）。

薄　「こが育つ」場所をつくるために、今日のように現場の声を届ける機会はたいへん貴重だと感じています。

田辺　教育や保育の分野でも、公民の連携が当たり前の状況をつくりたい。そのためには「話せる」が原点だと考えています。対話とコミュニケーションで、社会の一人ひとりに提供できるサービスが変わるからです。そういえば先ほど、どんぐりがころころと転がる音が聞こえてきました。この音こそ次の世代へ伝えるべきメッセージだと、今日この場にいたからこそ実感できました。

※キッズデザイン賞（主催：特定非営利活動法人キッズデザイン協議会）……製品やサービス・空間・活動・研究のなかから、子どもや子育てに関わる社会課題解決に取り組む優れた作品に与えられる顕彰。

建築家
野口 直樹
Noguchi Naoki

一級建築士。野口直樹建築設計事務所代表取締役。待機児童問題に取り組み、複数の保育施設も経営している。

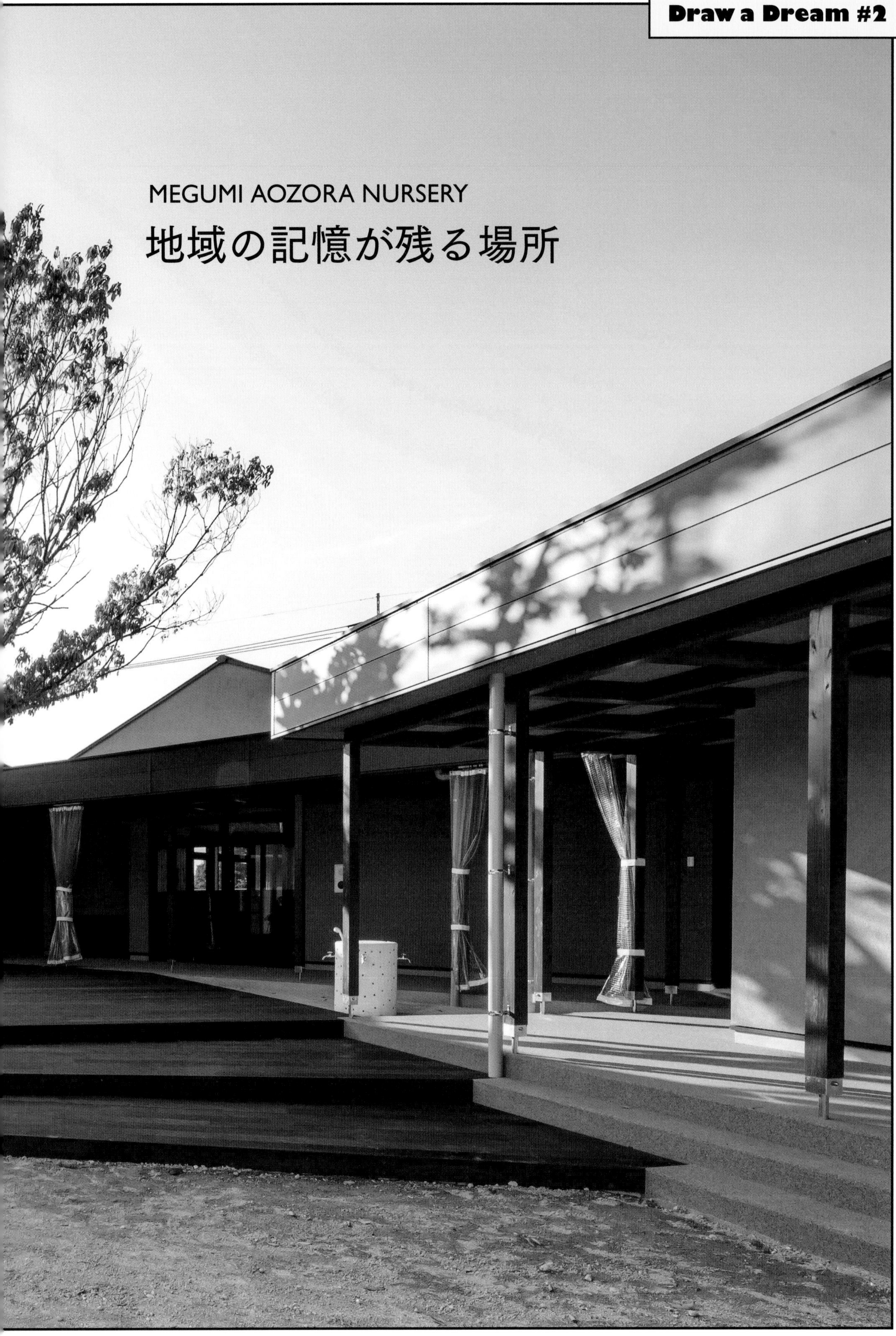
MEGUMI AOZORA NURSERY
地域の記憶が残る場所

地域の子、みんなが通う場所。
そして卒園して子どもたちは成長していく。
でも遠い将来、
大人になっていつか今度は
自分の子を連れて、
戻ってくる日が来るかもしれない。
保育園はただ子どもたちを預かるだけの場所じゃない。
地域の人たちも参加できる園庭の中の畑で
野菜を育てる楽しさ、
食物の大切さを知ることができる園舎。
自然の森に囲まれながら、
広い園庭を駆け回って
じゃぶじゃぶ池でおもいっきり水遊び。
地域のシンボルとしてどんぐりの木の周りに
たくさんの思い出をいっぱい残そう。

MEGUMI AOZORA NURSERY

Point!

- ☑ 園庭の確保
- ☑ 法令上の要件確認が必須
- ☑ 二方向への避難経路の確保が必要
- ☑ 2階以上の施設は耐火基準への対応が必須

#コンバージョン事例

Case study 012　ときわ幼稚園

調理師専門学校を認定こども園へ大規模改修

施設名称　ときわ幼稚園／事業内容　認定こども園（定員260人）／所在地　熊本県熊本市中央区本荘町683-2／法人名　学校法人 常盤学園／竣工年月　2020年3月

旧耐震問題で建て替えの必要を感じていた最中、2016年の熊本地震で被災。早急に建て替えを余儀なくされた同園でした。工期や使い勝手など、さまざまな比較検討を行った結果、向かいにある使用されていなかった専門学校の校舎を用途変更し、大規模改修するプランでスタートしました。

本来は大人が使うことを想定してつくられている建物のため、当然ながら階段の高さや柱の位置など、子どもに配慮した構造ではありません。しかし、すべてを壊してしまうわけにもいかないため、どこを残して、どこを付け加えるのかを整理して建物の状態を見ながら慎重に進めました。できるだけ早く新園舎で保育を始めたいという園長先生の想いに応えるべく、約半年の異例なスピードで完成させ、卒園式にも間に合わせることができました。

次からは用途変更(コンバージョン)したポイントをご紹介していきます。

#コンバージョン事例

専門学校のサイズ感を園児サイズにコンバージョン

旧園舎の道向かいにあった調理師専門学校の旧校舎を、そのまま用途変更し大規模改修を行ったほうが、建て替えよりも30％近いコストメリットがあると判断しました。

まずは建物全体が専門学校生のサイズ感になっているため、子どもサイズに見直すところから始めました。教室に挟まれた廊下が広すぎるため、柱まわりの壁を取り払い、教室のサイズを変えています。できたスペースはアルコーブ化することに。廊下と教室の間に余白が生まれ、子どもたちが自由に遊べるスペースになっています。

また、園児数が多いため、教室1区画分のトイレでは足りないと判断し、2区画を使った広めの設計にしています。もともとあった大きな窓を活かすことで、トイレが広くて明るい空間になりました。

下足スペースと廊下をつなぐスロープや、階段の段差なども園児サイズに変更しました。無理な変更を施すと不自然になるため、あくまでも全体のバランスを取りながら、この場所が元々園舎であったかのように再設計しました。

調理師専門学校のDNAを活かした プロ仕様の設備たち

さまざまな面で子どもサイズに変更することを考えた一方で、せっかくの資源を活かすことも同時に検討しました。

調理師専門学校だった強みを活かそうと、調理室は規模感を変えず、調理器具や設備も同等レベルのものを入れ、子どもたちに「プロの仕事の現場」を見て育ってもらえるようにしました。給食のメニューにもこのこだわりが活かされているようで、調理師専門学校のDNAをうまく引き継げたのではないかと思います。

また、外観のコンクリートは塗装で園舎らしさをまとわせましたが、内観はスケルトンからのスタートだったので、県産材を使用し、温かみもしっかりと加えました。

計画上できることに多くの制約があったプロジェクトでしたが、園がやりたいと考えている教育プログラムを削ることなく実現することができ、ほっとしました。

新築ではなくとも園の想いを叶えることができたことは、既存の建物を活かすという意味でも、環境配慮の面から、非常に大きな結果を得たと考えています。

My Favorite Point

by ときわ幼稚園
吉岡裕晃 常務理事

設計だけでなく工事期間も考慮 優しさに溢れた提案に感激

２０１６年の熊本地震の影響で既存園舎が損傷していたため、建て替えをするか悩んでいました。そんなときに野口直樹建築設計事務所の存在を知り、問い合わせをしたのです。他園の落成式を見に来ませんか、とお誘いを受け野口さんが手掛けたほかの園舎を見せてもらいました。園児だけでなく、そこで働く職員のことまで考えた優しさに満ち溢れた工夫に感銘を受け、私たちの園も野口さんに託そうと決めました。

建て替えをするか別の場所に移転をするか、専門学校の校舎を大規模改修するのか。野口さんは、土地利用計画のシミュレーションをし、最も効率的ものは何かを考えてくれました。

さらに工事期間が長くなるにつれてそれだけ年長さんたちが新しい園舎で過ごす時間が少なくなるということで、半年という短い期間ですばらしい設計をしてくれたことは本当にありがたく思っています。

#コンバージョン事例

Case study 013　リトルワールドあゆみ保育園

地域のニーズに応えるために商業施設を大規模改修して認可保育園へ

施設名称　リトルワールドあゆみ保育園／事業内容　認可保育園（定員90人）／所在地　福岡県福岡市中央区梅光園3-3-8／法人名　株式会社Branches／竣工年月　2019年3月

２０１９年４月に認可保育所として生まれ変わったリトルワールドあゆみ保育園は、もともと認可外保育園として地域の保育ニーズに応えるために、福岡市内の商業施設に設立されました。しかし、このエリアの人口増加に伴い、福岡市として認可保育園の新設の需要があることが分かり、大規模改修して認可保育所に変更することになりました。

認可外保育園から認可になるためには、児童福祉法や建築基準法、消防法など各法令を満たす必要があります。この案件も既存の建物を活かした形の改修のため、さまざまな問題が浮上しました。

商業施設内での改修だったため、下の階にあるドラッグストアなどを利用する一般客や施設への配慮が必要でした。工事に際しての安全面や騒音に注意するほか、施設との兼ね合いで工事時間にも制限があるなか、工期を間に合わせなければならないといった課題がありました。保育所内も、排水管や分電盤など、設備が増えることによる大幅な変更があり、限られたスペースに落とし込む面での苦労がありました。

Part 3 Reverse Thinking Can Do

逆転の発想で、独自性を引き出す | 狭小地12選

014

HIMAKINO AOZORA NURSERY

日蒔野あおぞら保育園

都心でも安全に遊べる２つの園庭

再開発が進み、人気のエリアとなった福岡県のベッドタウン。
子育て世代の人口増加で待機児童が増えるなか、
周辺環境にも配慮しながら、子どもが元気に遊べる園舎をつくるのが
保育園からのオーダーでした。

人口増加に伴う保育園のニーズを子ども、大人、地域が喜ぶ配置に

日蒔野あおぞら保育園の計画地である福津市は、福岡市と北九州市という2つの政令指定都市の中間に位置し、近隣都市のベッドタウンとして発展してきました。本計画は、近年の人口増加による待機児童の解消を目的に整備を行ったものです。敷地は県道に面し、市役所、駅からも近く福津市の中でも最も活気のある地域です。

長方形の敷地は県道に接すると同時に隣地は一部戸建て住宅群に面しており、近隣住民への配慮を検討する必要がありました。具体的には、近隣住戸への圧迫感軽減と、登降園時における渋滞対策などです。安全面に最大限配慮しつつ、とはいえ閉鎖的にならず、地域とつながることのできる開放性も求められました。これらを考慮し、L字型の配置計画としました。県道側の棟は2階建て、東側の棟は1階建てとし、屋上園庭を設け、建物のボリュームを抑えた計画としました。また、渋滞緩和策として、行事の際には臨時で園庭へ駐車できるような動線も確保しました。

こうした機能的な課題解決が求められつつも、「都市部において子どもたちがのびのびと過ごすことのできる自然環境をいかに創りだすか」という物理的な課題もありました。子どもたちが遊ぶ園庭は、1階の屋上と地上の2つを整備。地上の園庭ではトンネルやクライミングウォールなど起伏を設けて足腰を鍛える仕掛けをつくり、子どもたちが多様な遊びができる環境を整え、地域へも開放することができるようにしました。園庭サイドに軒の深いテラス空間を設け、ランチホールや屋内外廊下が一体的な空間として外部の園庭へつながる回遊性のある動線計画に。こうすることで、雨の日でも外の空気を感じながら開放的な環境で遊ぶことができます。また、屋上園庭は人工芝張りとし、ダンスやボール遊びなど、空間を使った活動ができ、地上の園庭と異なる活動ができるようにしています。

内外装は全体的に木装化し、落ち着いた空間にすることで地域になじむことを目指しています。また、子どもたちの感性を育むような優しい空間づくりを目指し、内部の折り上げ天井のデザインに有機的な形状を施しました。この園舎計画が、法人の保育理念である、「子ども一人ひとりが、幸福感・満足感・自己肯定感を得る」ことのできる環境づくりの手助けになることを願っています。

（左）ホールからシームレスにつながる起伏のある園庭。（右）ホール折り上げ天井と多目的ホールには優しい色合いの置き畳を敷いています。

施設名称　日蒔野あおぞら保育園／事業内容　認可保育園（定員120人）／所在地　福岡県福津市日蒔野5-5-5／法人名　社会福祉法人未来福祉会／竣工年月　2019年5月／受賞歴　第14回キッズデザイン賞

（上）すべり台やトンネルやクライミングなどで遊べる遊具に集まり、元気よく遊ぶ子どもたち。（下）園庭にあるボルダリングを登る子どもたち。さまざまな遊びができるように工夫をしています。

（上）土管のトンネルを進んでいくと、ネット遊具から地上に出ることができる。（下）シンプルで上品なアースカラーの内装をベースに木材を用いることで、落ちついた雰囲気と温かみのある室内になっています。

015

MEBAE NURSERY

めばえ保育園

狭小地の制限を逆手に。

限られた敷地での園舎設計。
狭い敷地でも縦の空間をうまく使うことで開放感のある園舎にできます。
保育園の後ろにあった山の稜線をヒントに、三角屋根の高い天井をもった園舎は
ほかの園にはない特殊な空間となりました。

勾配のぶつかりで屋根と天井に立体感をつくる

福岡市都市圏にある糟屋郡宇美町に、「新しく保育園をつくりたい」と相談をいただいた当初、人口増加の著しい福岡市は、その近隣にも影響が大きく、子育て世帯も増加しつつありました。実はこの園長先生は、以前別の保育園にいらっしゃった保育士さん。未経験ながら、独立して園の経営に挑戦したいというその熱い想いに共感し、社会福祉法人の設立からお手伝いさせていただきました。

しかし、新園の建設予定地は、なんと200坪足らず。狭小地であり、かつ低層住居地域のため、高さ制限があったのです。ギリギリ2階建ても可能でしたが、定員とコストの兼ね合いから、平屋を前提としたプランニングに入りました。

そうした条件のなかで考えついたのが、「横ではなく、縦の『高さ』で空間を考える」ということ。

モチーフにしたのは、保育園の後ろにあった山の稜線です。屋根のフレームをジグザグに見せることで、屋内の天井が異なる勾配でぶつかり、まるで洞窟の中にいるような不思議な雰囲気を再現できると考えました。

屋根には専用の金型をつくり、木材一本一本に複雑な加工を施しました。立体的な構造になるように、加工に至るまではとても苦労しましたが、それらを組み合わせ、屋根をかける直前のこの構造体を見る頃には非常に美しいものが仕上がり、屋根を隠してしまうのがもったいないほどでした。

そして、山の稜線を表した屋根の勾配は、そのまま屋内の天井にも連動させることで、空間の縦の広がりを演出することとしました。天井に勾配が生まれることで、空間に余白が生まれ、狭さや圧迫感が軽減されるという視覚的効果があります。

また、縦だけでなく、横の広がりも目一杯担保したかったので、園舎内の天井はひとつながりにし、トップライトを設けました。そこから差し込む自然光に優しく誘われた先には、6つの保育室が現れます。どの部屋の天井にもユニークな勾配のぶつかりがいくつもあり、それぞれが違った印象を見せてくれます。

室内は保育室間を可動式の扉とし、また勾配屋根を支える梁の上の欄間をガラスとし、その面積を大きくしました。こうすることで、隣の部屋との隔たりが最小限に感じられる効果を生み、また扉を開放してフルオープンにした場合にも、仕切りの存在もほとんど気にならないようにしています。

(左) 勾配と勾配がぶつかり、変則的な天井が空間に広がりを見せています。(右) 園庭につながる４つの保育室は、間仕切りが可動式になっていて取り払うことができ、広く、活動的な空間として活用できます。

施設名称　めばえ保育園／事業内容　認可保育園（定員40人）／所在地　福岡県糟屋郡宇美町大字井野字赤井手560-2／法人名　社会福祉法人萌芽の森／竣工年月　2017年7月

016

SORATOBU KUJIRA SHIME NURSERY

空とぶくじら幼児園 志免本園

子どもたちの感性を刺激し無限の可能性を引き出す園舎

園舎につけられた「空とぶくじら」という名前には
くじらもいつか空を飛ぶかもしれない。子どもたちはそのくらい無限の可能性を
秘めているという想いが込められています。都会の狭小地でものびのびと元気に動ける
空間をつくるために、園舎にはさまざまな工夫を盛り込みました。

箱をズラして、積み上げる 静と動の交流を促す装置

「空とぶくじら幼児園 うみ園」のあとに、認定こども園成に伴う移転建て替えとして相談が入ったのが本園です。「今回は、外と中の両方で遊べるスペースが欲しい」という要望がありました。

とはいえ、本園もあまり変わらない狭小地でした。外遊びを充実させたい、という声を第一とするならば、屋上園庭は絶対に必要だという発想から全体を構築していきました。

当初計画では、総2階建て案や地上園庭のみの案、屋上をすべて園庭にする案なども考えました。しかし、圧迫感や良くも悪くも常套手段的な発想では、1園目のうみ園と対をなす園舎としてはバランスが悪い。そんなさまざまなことを考え、試行錯誤を繰り返すなかで、現在の形となりました。

多様性や連続性をさえぎることなく、回遊性を担保するというぜいたくな構造がほしかったので、保育室やホールをひとつずつ「箱」としてとらえ、その箱がズレながら組み合わさっている構造に着地。異なるサイズの箱をズラして積み上げたような構造にすることで、レベル差やスキップフロアが生まれ、想像以上に段差や窓から空が見え開放感を保てるようになっています。

図書室で絵本を読んでいると、窓の外の屋上園庭で遊んでいるお友だちの姿が見える。加わりたければ加わればいいし、そのまま本を読みたければ読めばいい。「私はインドア派／アウトドア派」と自分を決めつけることなく、多様性を育むことができます。

こうした「静と動の交流を促す装置」は、外に出せない制約から、中について考え続けるうちに、中の空間への意識が広がった形です。結果として、制約のある狭小地であっても、死角をなくしのびやかな空間をつくることが可能であるということを教えてくれました。

また、これは本当に副産物ですが、こうして生まれたフォルムが、外から見ると「くじらに見える」と子どもたちにも気に入ってもらえているそうです。子どもは思いもよらないところに遊びの種を見つけることが本当に上手です。いつも見ていて、大人が学ぶような発想も多々あります。

今日も同園では子どもたちが思い思いの遊び方をしています。そんな子どもたちならではの視点や発想に、この園舎がさまざまな可能性をもたらすことができているのなら、こんなにうれしいことはありません。

（左）玄関ホールには曲線を描いた「折り上げ天井」があり、間接照明の光が子どもたちを包み込みます。（右）2階の屋上園庭にはステップを2カ所設置して、全部で3段階の高低をもつ立体的な遊び場になりました。中庭が園外の道路に面しているということもあって、屋上園庭の広々とした空間は、夏場のプール遊びにも最適。住宅街のなかにあっても外で遊ぶスペースを確保しています。

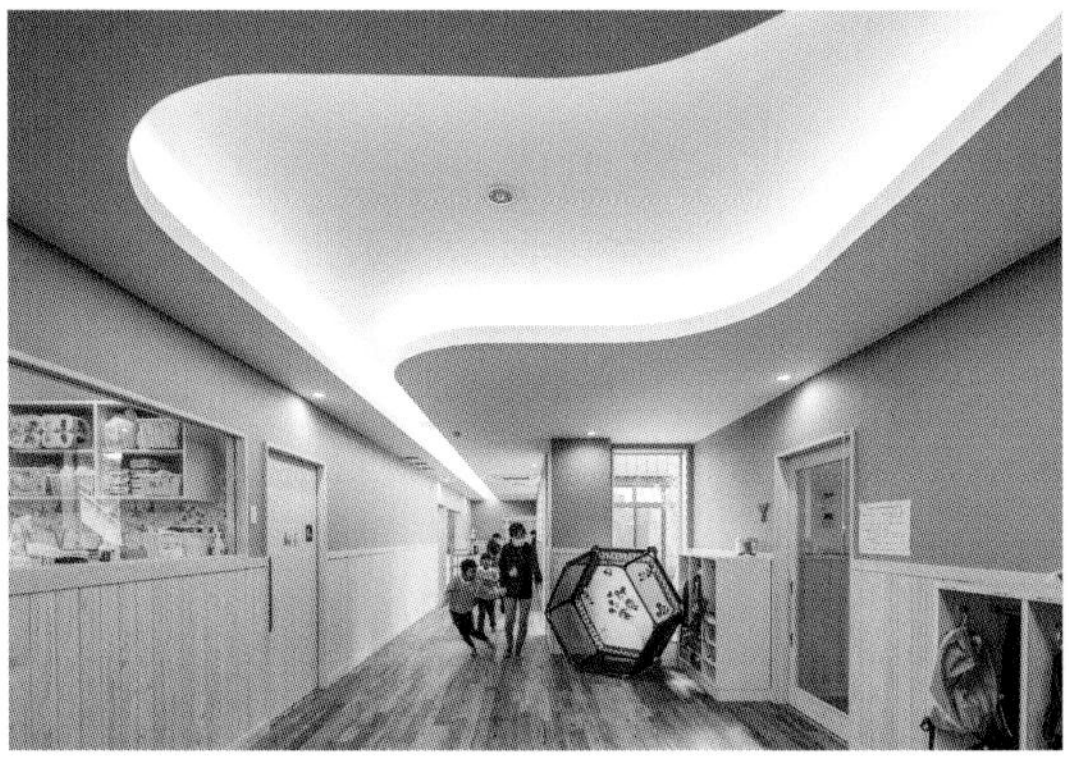

施設名称　空とぶくじら幼児園　志免本園／事業内容　認定こども園（定員75人）／所在地　福岡県糟屋郡志免町志免3-4-1／
法人名　社会福祉法人翔空会／竣工年月　2020年4月

（上）屋上園庭が見える絵本コーナー（図書室）。子どもたちは素足で人工芝の感触を楽しみながら、思い思いに絵本のページをめくっています。（下）１階には遊戯ホールにもなるランチホールを設けました。壁が鏡張りなので、ダンス教室や課外教室、地域交流室としても使うことができます。

（上）レベル差をあえて作った屋上園庭でかけまわる子どもたち。地上の園庭と回遊でき立体的な動線で安全に、そしてめいっぱい体を動かすことが可能です。（下）建物と建物をずらし引き算してできた余白につくった坪庭状の地上の園庭。階段の下が「うんてい」になっていたりと、スペースを活かした遊び場を随所に設けています。

017

RYOSENJI SHIRAGIKU KINDERGARTEN

了専寺白菊幼稚園

日々更新されていく、園の想いを叶える設計

福岡県内でも早い段階での認定こども園成を目指した同園。
未知なことも多く困難もありましたが、園長先生の挑戦に応える設計を目指しました。

既存部分とうまくなじむように機能とデザインを調和させる

本園は、認定こども園成を前提とした、老朽化による幼稚園舎の建て替えと保育施設の新築というプロジェクトでした。しかし、諸事情により設計者変更となり、私に相談が入りました。幼稚園舎の建て替えまでは完了していたので、保育施設の増築計画から引き継ぎました。

建ったばかりの園舎はすでに園児が通っている状況だったので、園児たちが過ごす空間で安全を確保しながら作業を進めることを最優先に心掛けました。

既存園舎の良さを活かしながら調和するデザインを意識してつくったのが平屋建ての子育て支援室兼ランチルームです。外の風景を感じながらランチや子育て支援の活動ができるようにテラスも併設しました。印象的な天井の板張りには地域産材のスギを採用し、ハイサイドライト（高窓）を設置。天井から温かく柔らかい光が降りてくる一室にしています。

今回、新たに建てた平屋の園舎は、室内から園庭へとすぐに出られるように大開口の窓を使っています。晴れた日には窓を全開にすることで、園庭からランチルームを介して対面に見える田園風景までを見通すことができ、開放感のある空間になります。一方で外の強い日差しを避けるために、屋根を大きく張り出し、軒先も広く取って内と外を緩やかにつなぐようにしています。こうすることで、園児たちが外で遊んで疲れたあとに、軒先のデッキを利用して水分補給の休憩をすることもできます。

子育て支援室として機能する際に「あるといいな」と思い付設したのが、調理室につながるアイランドキッチン。ここでは調理まではできませんが、子どもたちが園で収穫した野菜を洗ってみたり、給食を配るお手伝いをしたりといった食育のスペースとして活用が可能です。

本プロジェクトを通じて感じたのは、園長先生の、さまざまな立場の人への気遣いと思いやりです。認定こども園成のための機能面の整備とともに、ランチホールを地域支援室として開放したり、職員用の休憩スペースを増設したりと、段階を経るごとに「必要だな」と思う設備投資をされてきています。福岡県内でも早い段階でのこども園成だったので分からないことも多く試行錯誤の連続でしたが、幼児保育におけるまなざしの深さの重要性を改めて実感した園でした。

（左）ランチホールや子育て支援室として稼働しながら、地域交流室として地域にも開放できる多目的なホールに。（右）子どもたちが遊んだあとに休めるように、屋根を大きく張り出し日陰をつくり、休憩しやすい場を設計しました。

施設名称　了専寺白菊幼稚園／事業内容　認定こども園（定員205人）／所在地　福岡県飯塚市小正93／
法人名　学校法人了専寺学園／竣工年月　2016年12月

018

KASHII SHIMOBARU NURSERY

香椎しもばる保育園

狭小地の制限を、デザインの力で払拭

十分な敷地のない、住宅に囲まれた保育園。
どうすれば子どもが元気いっぱい、楽しく過ごせるかを考えて、
狭い敷地でも屋上を園庭に有効活用。階段下も工夫次第で子どもの遊び場に。
大人の安心と安全、子どものわくわく、ドキドキを設計に込めました。

叶えたい保育と安全を担保 視覚的効果を計算した設計

「香椎しもばる保育園」は、福岡市東区にある認可保育園です。L字型の狭小地を目一杯使って設計しました。

園が交通量の多い道路に面しているため、玄関前の軒下空間を広めに確保してピロティをつくり、誰もが安全に往来できる設計にしました。ベビーカーや自転車、車の駐車スペースとしてはもちろん、雨の日には深い軒のおかげで濡れずに送迎が可能です。

ピロティを抜けて玄関から中に入ると、目の前には宙に浮いたような階段が現れます。

階段の下には本棚を設置して子どもたちの〝アナグラ図書館〟をつくっています。天井からの吊り階段とすることで柱をなくし、視覚的に広く感じさせることを目指しました。

2階にある小ホールの窓を開ければ屋内と園庭が一体となり、開放的で広い空間になります。

限られた室内にも広さや温かみをもたせることを意識して、特に自然素材を多用しました。建具や腰板の木材には緑や茶色の自然塗料を、白い壁の部分には漆喰を使用し、子どもたちが触れても安心安全。建物から優しい印象が伝わってきます。

（右上）ピロティに設置したスロープを通る子どもたち。（左上）階段下につくられたアナグラ図書館。（下）シームレスにつながる小ホールと屋上園庭。

施設名称　香椎しもばる保育園／事業内容　認可保育園（定員90人）／所在地　福岡県福岡市東区下原2-22-3／法人名　社会福祉法人豊和福祉会／竣工年月　2018年3月

019

LITTLE WORLD INTERNATIONAL KIDS

リトルワールド インターナショナル キッズ

住宅地に突如として現れる、洋館風の園舎

英語教育を、ソフトでもハードでも体感できるよう、
見た目から世界観をプロデュース。
絵本で見た洋館のような外観からわくわくを創出し、
ソフトである教育と連動させる仕掛けを施しました。

狭小地や高さ制限という制約をデザインと技術でカバー

本園は、一日中英語漬けの幼児教育ができるインターナショナルプリスクールとしての設計依頼でした。

計画地は、幅3m奥行12mの引き込みのある、旗竿状の約66坪の敷地でした。敷地の引き込み部分が狭いため、建築時に2tトラック程度までしか乗り入れることができないという制約がありましたが、12mの奥行きを活かし建物に向かう玄関までの引き込み動線とすることで、園児の飛び出しを防ぐ効果や、入口までのわくわく感を醸成しています。

また、園庭の確保が難しいため、3階部分に屋上園庭を設置することを前提とした計画でスタートしました。

しかし、狭小地であり高さ制限があったため、3階建てにするためには階高を低くする必要がありました。そうすると、一部屋ごとの空間はどうしても狭く感じてしまいます。ここで、英国風のレンガ調のデザインで提案を行い、装飾窓を採用しました。連窓型の装飾窓を配置することで、リズム感を出し、屋内への光を呼び込むことで、空間が広く感じられるという効果を狙いました。

My Favorite Point

by リトルワールド インターナショナル キッズ

田中奈津美 園長

ここにあるすべてがお気に入り。初めて来たときの喜びが今も続いています。

壁前面のホワイトボードエリアは英語のレッスンに大活躍しています。3階の屋上園庭は空が近くて開放感が抜群です。

教室にはたくさんの窓があり、風が心地よく吹き抜けます。

設計上分かりづらい部分は丁寧に説明してくれて、また、メリットとデメリットをしっかりと提示してくれたので、判断しやすく助かりました。

棚の高さや壁紙、床材など細部にわたって要望を聞いてもらったおかげで、「欲しいところに棚がある」と働くスタッフにも優しい設計になったと感謝しています。

開園後、子どもたちがあまりのうれしさから歓声を上げながら部屋中を走り回ったり、扉を一つひとつ開けてみたり、スタッフも一緒になって目をキラキラさせていた様子が今でも忘れられません。

(左) 自然光を採り入れ、狭さを感じさせない教室。(右) 3階に設置した屋上園庭。

施設名称　リトルワールド インターナショナル キッズ／事業内容　企業主導型保育園（定員52人）／所在地　福岡県福岡市早良区原7-2-14／
法人名　株式会社Branches／竣工年月　2019年10月

020

VERT LAPIN NURSERY SCHOOL

ヴェール・ラパン ナーサリースクール

夢を運ぶ、緑のうさぎ

園内にこだまする、動物たちの声。
動物たちの、お世話をしている園児たち。
同園にかつてあった、そんな情操教育を引き継がせ、
遊戯室を、緑のうさぎが見守る保育施設にフルリノベーションしました。

幼稚園の敷地内に保育園を開園 フルリノベーションで生まれた小規模保育所

本園は、福岡市城南区の住宅街にある「茶山幼稚園」の敷地内に、認定こども園成を目指すべく保育施設をつくりたいという要望からスタートしました。

資金計画の段階から入り、段階を追った建築計画とすることで、無理なく要望を叶えていく長期目線のプランの方向で提案。計画地は、幼稚園内にあった約38坪の遊戯室。建て替えも検討しましたが、さまざまな事情から、小規模保育所としてコストパフォーマンスを重視しつつ、徐々に拡大していくことに。

園名の「ヴェール・ラパン」とは、フランス語で「緑のうさぎ」という「実在しないけれど、子どもたちに夢を与えるモチーフ」からきています。昔、この敷地でうさぎを飼っており、子どもたちが可愛がっていたという背景から、子どもたちのことをうさぎさんが見守ってくれるようにという願いを込めて、この園名になったそう。そこで、園舎の外観にはテーマカラーの緑を基調に、挿し色として、視覚的にもメリハリの利く黄色を柱に用い、園のコンセプトが一目で分かるようにしました。

もともと2つの建物から構成されていたので、天井高の低いほうを0・1歳児向けの乳児室に、もうひとつを2歳児向けの保育室とし、乳児室は天井に黄色い三日月をあしらうことで、お昼寝や絵本を読むために寝転がる子どもたちを、お月さまが日々見守ってくれるような空間にしました。

一方、2歳児向けの保育室には、もとの屋根の形状を活かし、少しでも空間を広く見せるため、中心に向かって斜めに天井を貼り合わせる多角形の構造としました。外からの印象よりも、広く感じられるのではないかと思います。

また、内装には調湿効果のある漆喰を用いたことで、年間を通じて園児たちが健やかに過ごすことができる環境を目指しました。真っ白な壁面を活かすべく、空調機材や照明は天井や壁の内部に組み込んでいます。

地域のニーズや状況に応じていかようにも対応できるサイズでスタートさせることを目的とし、無理にコストを掛けず、地域支援室としても活用できる形で地域にもなじみながら大きくしていくスタイルをとりました。

地域や時期によって、待機児童問題もあれば、少子化の問題もあり、課題はさまざまです。先の見えない経営において、必要以上の負荷を掛けない計画を立てるという形で、園舎設計がお役に立てることがあるのだなと実感させてもらった園でした。

(右) メインの保育室は既存の勾配を活かした天井です。多角的で特徴のあるものに仕上げました。室内で子どもがのびのびと動けるよう、天井高を活かした広い空間になるように仕上げています。また、漆喰を使うことで室内空間でも快適に過ごせるように工夫しています。(左) もう一方の保育室は、対照的に三日月の模様を窓や天井にあしらって落ちつきのある部屋を意識しています。

施設名称　ヴェール・ラパン ナーサリースクール／事業内容　小規模保育所（定員19人）／所在地　福岡県福岡市城南区別府6-14-44／法人名　学校法人木村学園／竣工年月　2018年3月

021

UMINO POKAPOKA NURSERY

うみのぽかぽか保育園

困ったときに、気軽に立ち寄れる病児保育施設

小さな子どもは、頻繁に熱を出します。
「子どもを預けられないから、仕事を休まなければならない」
そんな保護者の悩みを解決するために生まれたのが、
コンビニをフルリノベーションした、カフェ風の保育園でした。

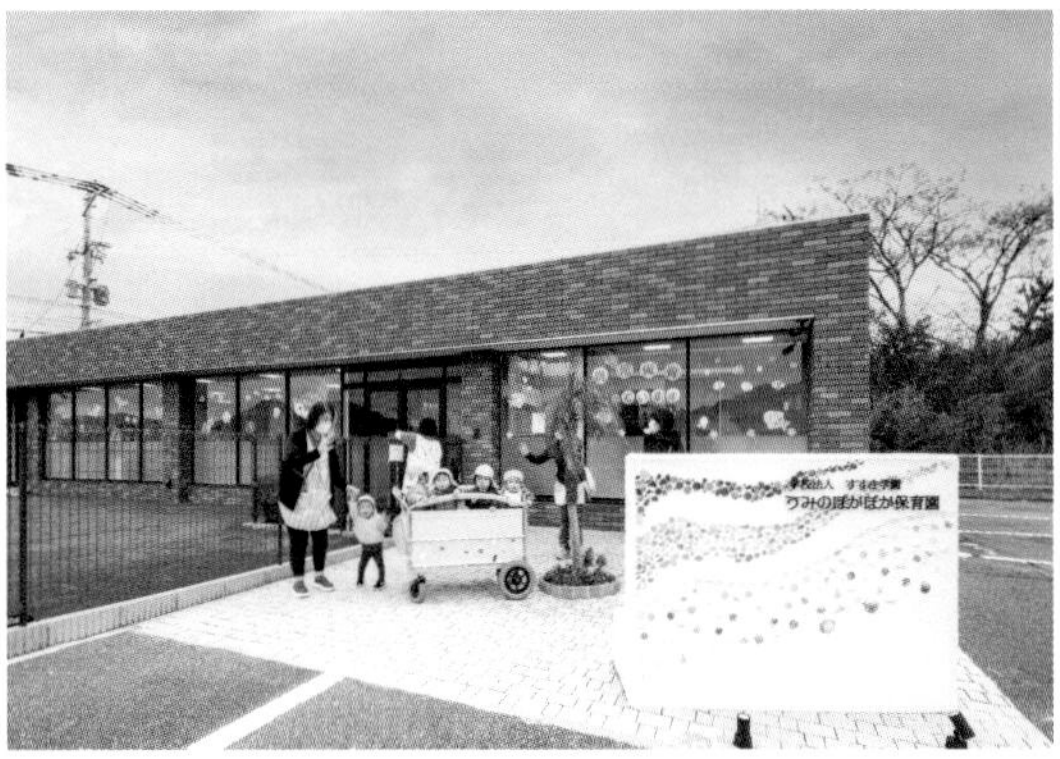

病児保育で地域の課題を解決

本園は、「病児・病後児を預ける先が少ない」という社会問題を解決するため、保育所に病児・病後児保育の機能を付帯した園をつくりたいということで相談があったところからスタートしました。常勤で看護師を雇い、完全看護体制を目指す理由は、若年層ファミリーが増加しているエリアだったからです。周辺は、シーサイドビューが人気で、少し南国の香りがします。

計画地は、コンビニだった建物のスケルトン状態からスタート。建貸しのため、建て替えができない環境だったのです。

病児保育については、保育室と病児保育室、そして回復期の子どもが過ごす安静室の3つに分け、保護者の心配と不安を払拭できる動線としました。

また、「誰でも気軽に立ち寄れるように」という想いから、コンセプトを「南国のカフェ」に設定。すぐ近くの海岸で拾ったシーグラスを看板のモチーフにしたり、ヤシの木を植えたりと、世界観を構築しました。ちなみに看板は、先生たちによる手づくりです。子どもたちのことを思って一つひとつ並べられています。

（左上・右上）海の近くのカフェをイメージして、白壁にあしらった貝殻とガラス玉の意匠。（左下）病時期だけでなく、回復期の子どもも安静に過ごすことのできる保育室。（右下）コンビニ時代の駐車場の一部を園庭に改修。

施設名称　うみのぽかぽか保育園／事業内容　企業主導型保育園（定員23人）／所在地　福岡県福津市西福間3-26-1／
法人名　学校法人すずき学園／竣工年月　2021年3月

FLOWER

022

商店街の真ん中にできた保育園

CHIBIHARU KIYAMA NURSERY

ちびはる保育園 基山園

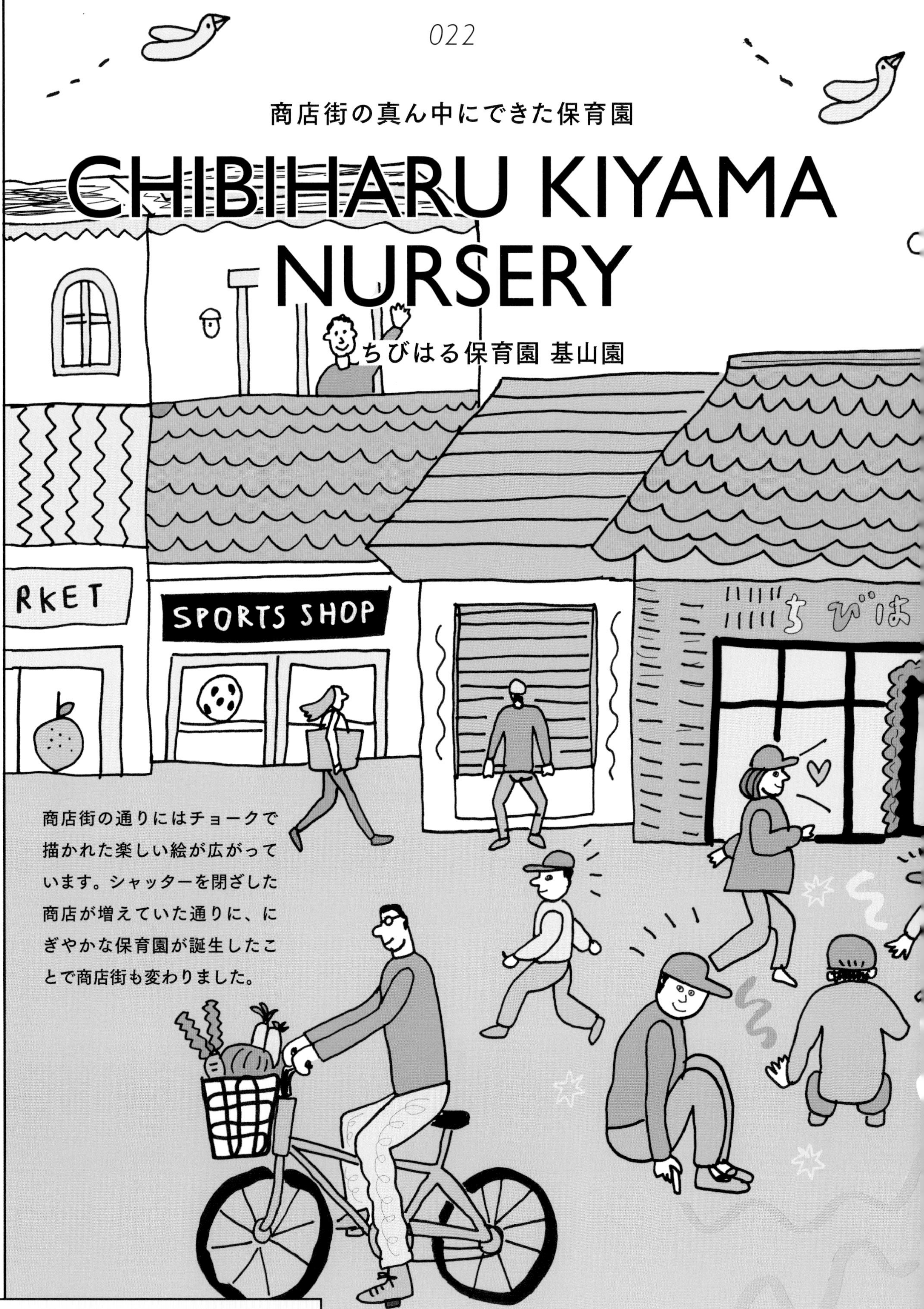

商店街の通りにはチョークで描かれた楽しい絵が広がっています。シャッターを閉ざした商店が増えていた通りに、にぎやかな保育園が誕生したことで商店街も変わりました。

保育園が、地域再生の起爆剤に

入り口は、プライバシーを守りながらも商店街の気配が感じられることを重視しました。壁にせず、シートを貼った全面ガラス窓とすることで、閉鎖的な空間として遮断することなく、外の人と子どもたちとの間につながりを生む効果があります。中と外、園と商店街がつながりをもつ新しい形は、中小企業庁の「地域商業自立促進事業モデル事例」として紹介もされました。

佐賀県三養基郡基山町に、園庭が狭く道路に面していることから移転を検討している保育園がありました。ちょうど同じ頃、地元の商店街では「人口減少」という壁にぶつかり「どうすれば人が来てくれるか」と頭を悩ませていました。両者の想いが見事につながり、形になったのがこの「ちびはる保育園 基山園」です。

保育園が商店街にできれば、子どもの送り迎えに訪れる保護者が近くで休憩をしたり、帰り掛けに買い物をしたりと人の往来が増えます。子どもたちにとっては地域の人との関わりが増え、安心して過ごせる環境で成長を見守ってもらうことができます。

私が設計時に提案したのは、商店街側にある入り口を全面開口にすること。商店街を歩く人々は窓から園児たちの楽しそうな様子をのぞくことができ、園児たちは一歩外に出ると地域の人と交流ができます。

この商店街の中にある園舎は予想以上の効果をもたらしました。子どもの声が町を明るくしてくれると、有志の人々が商店街の真ん中にあった中央分

施設名称　ちびはる保育園 基山園
事業内容　小規模保育所（定員19人）
所在地　佐賀県三養基郡基山町大字宮浦186-23
竣工年月　2016年2月
受賞歴　第13回キッズデザイン賞

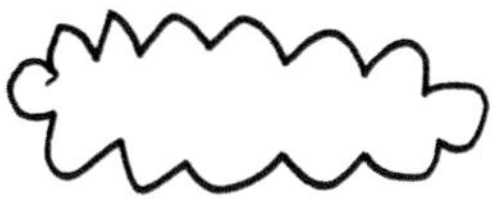

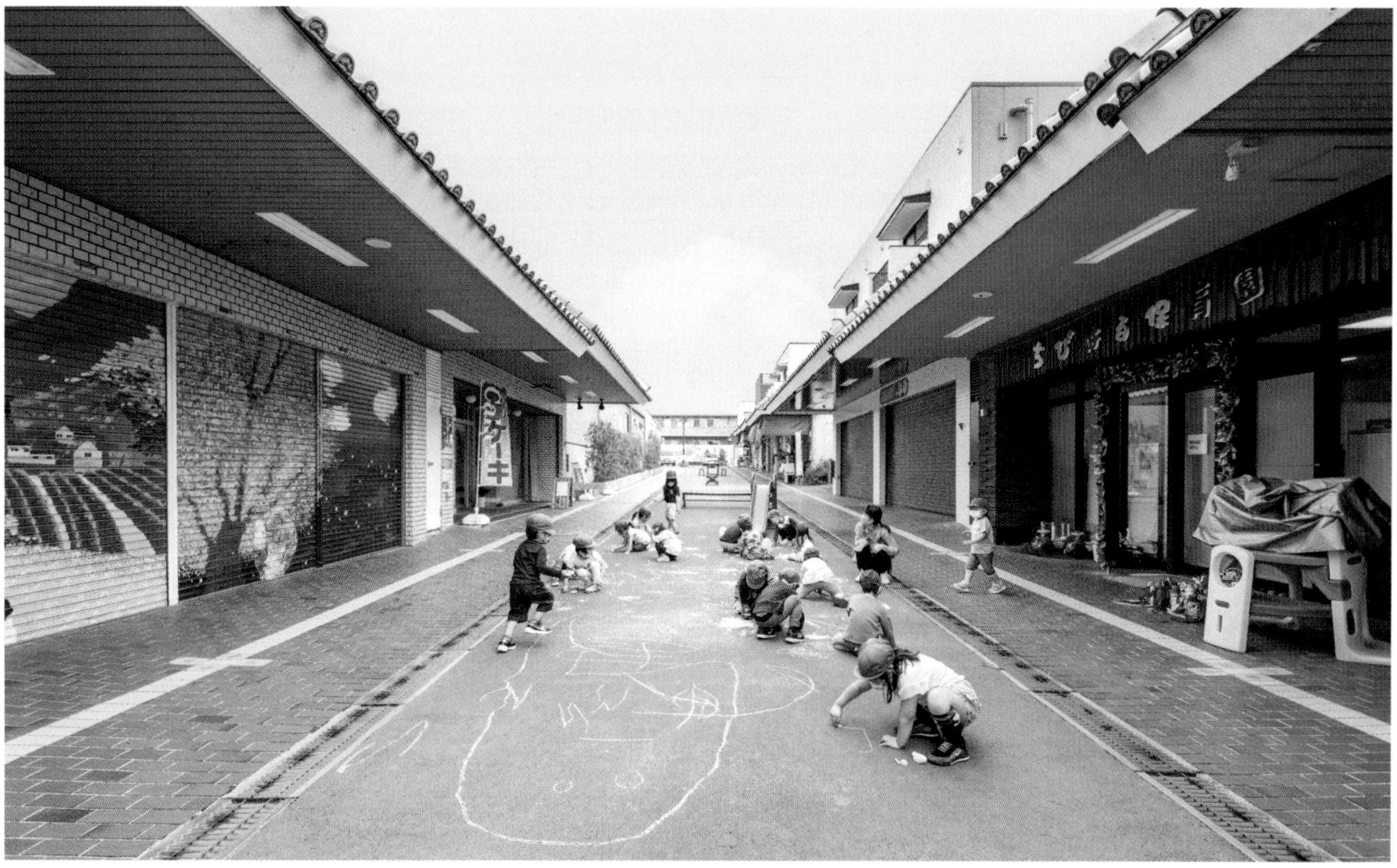

商店街の有志の方々がつくってくださったメインストリート「グリーンロード」は、園児たちのキャンバスになったり、遊具を出して遊んだりとさまざまな使い方がされています。同園の誕生により、ほかにも学習塾や就労支援施設、ダンススクールなど多様な「学び」の場も増えつつあるそう。これまでよりも遠くの地域からのお客様も増えたりと、商店街の活性化に寄与しています。

離帯状の使われていない花壇を撤去、子どもたちがお絵描きをして遊べる「グリーンロード」に改修してくれたのです。ここでは日々、子どもたちがチョークで絵を描いたり、園庭代わりに元気に駆け回ったりしています。

　移転した新しい場所は、前にあった園から実はわずか数百メートルの距離でしたが園児たちにとっては大きな変化となりました。これまで狭い場所で遊ぶことを余儀なくされていた園児たちは、商店街のメインストリートを自分たちの遊び場にするようになったのです。

　商店街に移転したことでほかにもいいことがありました。ほかの保育園であれば周りにこれだけたくさんの大人がいる環境はありません。外に出ると商売をしている大人たちの姿が園児たちの目に飛び込んできます。大人が普段何をしているのか、どんな仕事があるのかも自然と理解することにつながります。また、商店街の人たちがいつもちびはる保育園 基山園の子たちを見守ってくれていることも大きなメリットです。

　商店街の人たちも園児たちの元気いっぱいの姿に力をもらっています。人口減や高齢化する地域の商店街と保育園をつないだ地域活性化のモデルケースとなりました。

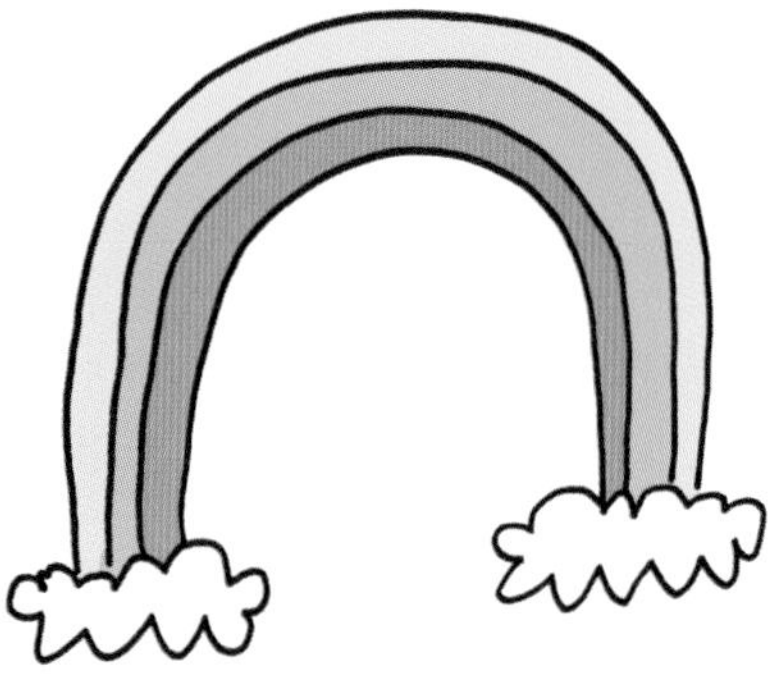

保育園が、地域に開く

1 外とのつながりを意識した開放的な園舎

プライバシーを守りつつも光を取り入れることができるよう、ファサードを全面ガラス張りに。子どもたちは太陽の光や商店街のにぎわいを感じることができ、大人も子どもたちの気配を感じることができるようにした。

保育視点での仕掛け

2 十人十色の多様性を「色育」で実現

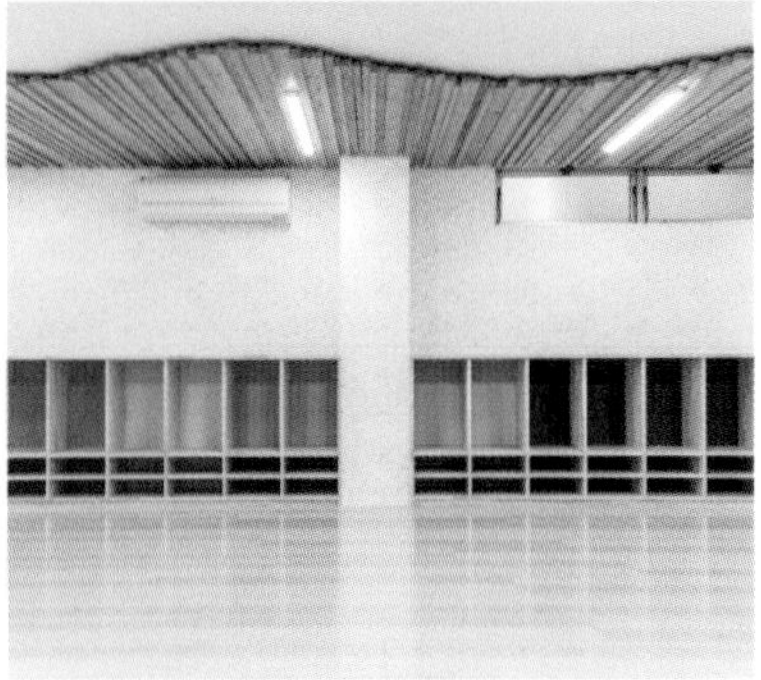

商店街にはさまざまな人が集う。その多様性や子どもたち自身も十人十色であるという「違いを感じる」ことを「色育」として内装にも採用。「色」は視覚情報の80％を占めると言われており、知育にも効果的。

3 地域材とシークエンスな天井が生む一体感

園舎内は、壁の一部や天井に地元の県産材を使用。天井の木材は奥に向かって蛇行する川の流れのような流線状に配置。この仕掛けによって、木の温かみだけでなく、奥行きを感じることができるという視覚効果を兼ねている。

地域再生の効果

4 グリーンロードは大きなキャンバスに

保育園の誕生を受けて、真ん中の通りをグリーンロードとして再生してくれた商店街。その想いを受け、子どもたちが自由にお絵描きできるキャンバスとして活用することに。目いっぱい自由に描く楽しさを味わえる。

5 商店街で、すべり台遊びも

グリーンロードに可動式のすべり台を設置すれば、園舎前が公園に変身。大人たちが見守ってくれる環境で、商店街を園庭のように使える画期的なこの試みは、子どもたちの想い出に彩りを添えてくれる。

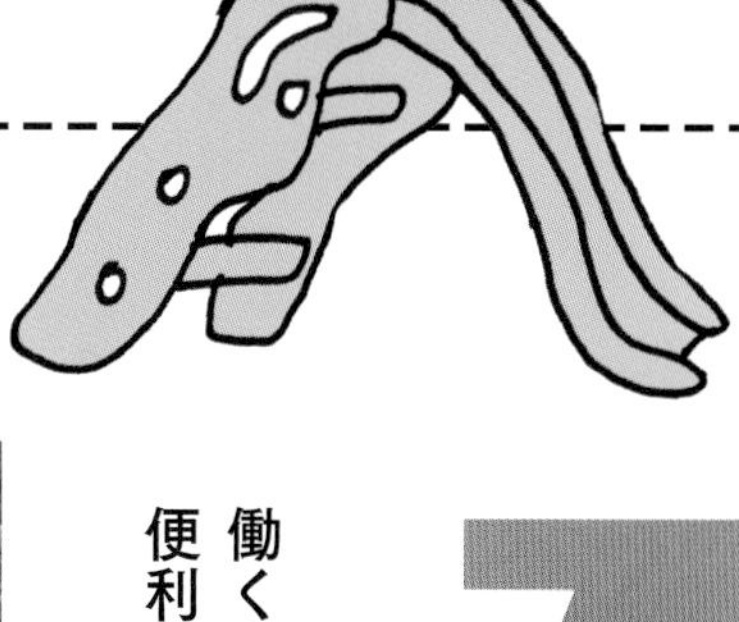

6 商店街の盛り上がりに貢献

基山モール商店街にある「まちなか公民館」では地域の人向けにさまざまなイベントを実施し、多くの人が集まる。保育園ができたことで、新たに子育て世代が来るようになり商店街が幅広い世代でにぎわうようになった。

(※写真提供 中小企業庁)

7 働くお母さんにも便利な園に

お迎えには商店街を回遊する「お迎えルート」が採用されている。子を迎えにきた親に商店街で買い物などをしてもらうことで、保育園と商店街のユニークな共存関係ができた。地域の祭りに子どもが参加するなど新たなきっかけも生まれている。

CHIBIHARU KIYAMA NURSERY

※「平成27年度地域商業自立促進事業モデル事例集 全国商店街の挑戦」（中小企業庁）P34の画像を加工して作成

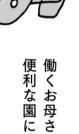

CHIBIHARU KIYAMA NURSERY

商店街に見守られる保育園

街の商店街の緑の道路に大きな絵を描こう。
道路の真ん中に置いたすべり台から大滑走だ。
商店街の通りを子どもたちの
園庭代わりに遊び場として使うことを
商店街の人たちみんながサポートしてくれた。
頭に思い浮かんだ絵を
チョークで大きく道路に描こう。
まあるい輪っかをつなげて、けんけんぱ。
ここは大人たちが買い物に来る地域の商店街。
たくさんの子どもが
大人たちに見守られながら育つ、地域の保育園。
子どもたちもすっかり商店街の大事な一員だ。
保育園から響く歓声が、
今日も商店街にこだまする。

CHIBIHARU KIYAMA NURSERY

Point! ※とにかく狭いため、さまざまなポイントで注意が必要です。

- ☑ 公道との距離が近く危ないので、子どもの目線での安全な引き込みが必要です
- ☑ 光の採り入れ方で広さの感じ方が変わるので、窓の大きさや配置は大切です
- ☑ 視覚的に空間が広がって見えるような素材や色の選び方も工夫次第です
- ☑ 保育のしやすさや動線を考慮した合理的な間取りには技術と経験が必要です

#狭小地の考え方

Case study 023 Bee Pop International Preschool

バイリンガル教育は「環境」が要 既存の価値観にとらわれず、新たな未来に踏み出す

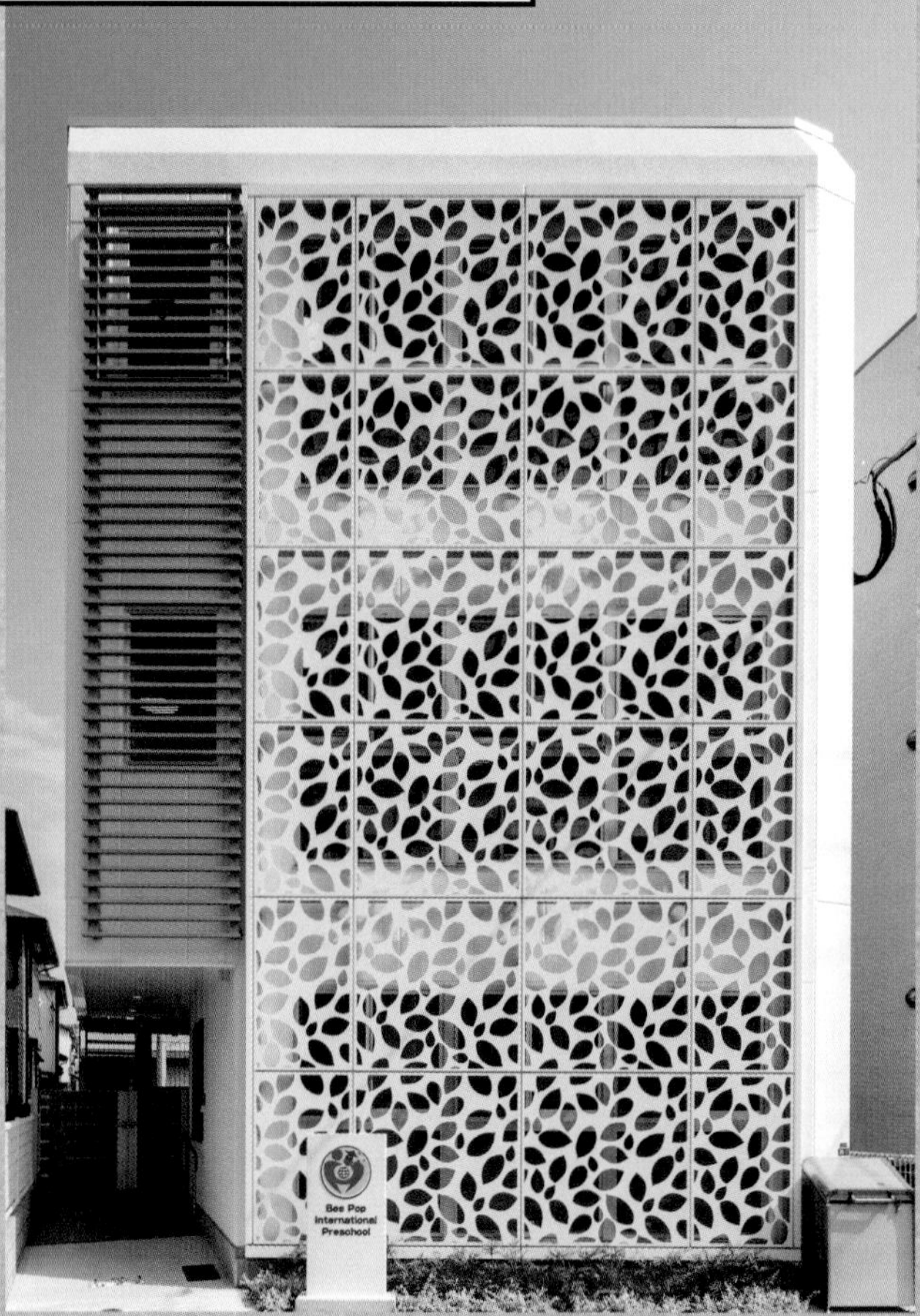

施設名称　Bee Pop International Preschool／事業内容　企業主導型保育園（定員26人）／所在地　福岡県福岡市東区名島2-25-1／法人名　合同会社ミノウェイ／竣工年月　2018年11月

私が考えている園舎設計は決して「おしゃれな園舎にすること」ではありません。むしろ、園舎は一つの手段でしかなく、それがきっかけで子どもたちの未来や先生たちの保育の幅が広がらなければ、建てる意味はありません。目的の実現をサポートすることこそが、私の仕事――そんな想いを改めて実感させてくれたのがこの園舎でした。

代表の政野美和さんは自身の子が保育園に通っていたときに「もっと親目線で考えてくれる場所があれば」と感じ、主婦から一念発起して2014年に認可外保育園を創立しました。しかし、保護者の多くは認可保育園への入園が決まると離れてしまうことが多く、どうすれば唯一無二の園がつくれるのか悩んだといいます。そんなときに出会ったのが、現園長であり英語講師のバーンズ先生でした。もともとバイリンガル教育の大切さを実感していた政野さんは、バーンズ先生との出会いにより、改めて「英語を話せる環境をつくることで、子どもたちの可能性が磨かれるはずだ」と確信しました。そのために園舎の建て替えを決意し、私のもとに依頼をしてくれたのです。

政野さんが目指す教育は、子どもが

My Favorite Point

by Bee Pop International Preschool
政野美和 代表

顧客ファーストの丁寧な対応と斬新なデザインにとても満足しています。

Ｗｅｂサイトで野口直樹建築設計事務所を知ったのですが、初めてお会いした際、野口さんのお人柄や保育・教育への考え方に共感し、ぜひ依頼したいと思いました。初回の打ち合わせからたいへん丁寧に対応してもらい、納得のいくものにしてくれたと実感しています。インターナショナルスクールらしいデザインに、ユニークな壁面のカラー。これらは子どもだけでなく保護者にも好印象です。

デッドスペースを最大限に活かしてもらったおかげで、職員からも使い勝手がいいと評判です。

また、３階までの階段幅が広く取られていて、手すりが波型で楽しいつくりとなっています。そのデザインが気に入ったのか、子どもが頻繁に上り下りをするので、園児の体力が上がったように感じます。建築の知識がない私たちに対して親身に接してくれて、野口直樹建築設計事務所にお願いして本当に良かったと思います。

すでにもっているさまざまな力を「環境」を整えて伸ばすこと。環境づくりを重んじている政野さんの想いを、子どもたちが過ごす園舎で実現させる。ここから、すべてが始まったのでした。

園舎のある場所は狭小地ですが、自然光を調整する外観の装飾による効果で室内はいつでも光に満ち、広々とした印象を与えます。なかでも特徴的なのは、方角ごとに壁紙の色が異なる室内です。ここにも「気持ちを落ちつかせるとき、やる気を出したいときなど、アプローチによって色を切り替えることで、子どもの能力をさらに発揮させたい」という、環境づくりを大切にする政野さんの想いが反映されています。さらに、日常生活のなかで自然に英語を話せるよう、廊下や階段など、子どもたちの動線となるあらゆる場所にアルファベットがあしらわれているのも大きな特色です。こうすることで、私たちが日本語に触れて言葉を覚えてきたように、子どもたちは「英語を学ぶ」といった意識をすることなく、日常的に英語に触れることができます。

建て替えをきっかけに、現在、政野さんは既存の価値観を変えていく保育の実現に向けて、新たな取り組みをスタートさせています。この園舎で過ごす子どもたちが、いずれは社会を変えるかもしれない――。そんな未来を思うと、私の胸の高鳴りも止まりません。

Case study 024　**唐人町あけぼの保育園**

マンションの1階に誕生したカフェのような駅チカ保育園

駅近のマンションの1階で、大通りに面しているという立地から、周辺環境になじむために「カフェのようなイメージにしたい」というオーダーをいただき、計画をスタート。「ずっとそこにいたくなるような、居心地の良い場所」をゴールとしました。まず、子どもたちが飛び出すことを防ぐため、入口からの引き込みに余裕をもたせる点を考慮して全体の設計を行いました。このエントランスの余裕こそが、流行りのカフェのようなスタイリッシュな動線を生んだ一番のポイントです。

また、「本物を感じる空間にしたい」という理事長のご要望もあり、先生方に空間づくりに参加していただき、一緒に探し選んでもらった素材を採用。園に入ると最初にアイストップになる特徴的なタイルが目に飛び込んできます。街中の狭小駅近物件でも、ゆとりとこだわりをもてる工夫は可能であり、機能性と美しさのバランスを取ることが重要です。

教育理念もしっかりと反映した空間であり、かつカフェのような設えを実現したことで、保護者にも好印象なようで、常に満員状態だと聞いています。

施設名称　唐人町あけぼの保育園／事業内容　小規模保育園（定員19人）／所在地　福岡県福岡市中央区黒門9-14 1階／法人名　学校法人筑風学園／竣工年月　2019年3月

My Favorite Point

by 唐人町あけぼの保育園
筑紫大介 理事長

保育や教育への想いで深く通じ合い、私の想いを形にしてくれた。

「カフェのような雰囲気」という、イメージどおりの園舎が完成しました。歩道に面した入り口側に大きな窓があるので、室内が明るくなり、木のぬくもりをよりいっそう感じることができます。

そうした開放感を保ちつつ、ゆったりとした玄関スペースと保育室の間にカウンターを配することで子どもたちのプライベート面も確保でき、私たちも安心して保育に集中することができます。佐藤施設長がセレクトしたタイルは、最も目立つ場所へ。それに合わせてペンダントライトを使った間接照明を入れ、存在感のある印象的な外観が生まれました。直観に働き掛ける「いいもの」を身近に。これは野口設計士と共有している大切な想いです。野口設計士は、言葉にしたことを形にしてくれる人。たくさんの実績や経験をもとにイメージを膨らませてくれる、想像力に長けた人だと信頼をおいています。

Case study 025 **新宿西口ファミリー保育園**

都内雑居ビルでの保育所開設
デメリットを工夫次第で園の特徴に

Before

After

日本一の大都市・新宿の雑居ビルの1階に、保育施設を新設したいというご相談を受けて、計画をスタートしました。実際に現地を見てみたところ、元ピロティだったのではないかと思われるスペースを事務所としてテナント化し水回りなどのインフラがない状態でした。まずは保育に必要な環境を整えながらもスペースを確保することが求められました。また、構造上柱が多いという制約の中で、圧迫感を軽減しいかに死角をなくすかが重要だと考えました。

まず、圧迫感の解決として、柱は取り除くことができないため、腰壁までを床材と同じ木で覆い、子どもたちの目線をとけこませることに。一方、腰から上にはやわらかなパステルカラーを貼ることでメリハリをつけました。

次に死角をなくす解決策として、柱に施した色ごとに機能を分ける「コーナー保育」を提案し、一見使いにくそうな間取りをデザインで機能的に。主張しすぎず、かつ視覚的区切りを感じさせる色を選ぶ過程も試行錯誤を重ねました。結果として先生方にもご満足いただけ、人気の園に育っているそうで、大変嬉しく思っています。

施設名称　新宿西口ファミリー保育園／事業内容　企業主導型保育園（定員21人）／所在地　東京都新宿区西新宿7-5-14 井上ビル12号館1階／法人名　学校法人飯倉学園／竣工年月　2021年5月

My Favorite Point

by 新宿西口ファミリー保育園
牛島武史 理事長

遠隔地の物件でもスムーズに進行
「欠点」を「魅力」に変える力。

動かせない柱や壁などいくつもの難所がありましたが、それらを取り込むデザイン設計により、欠点部分がむしろ「特長」となりました。エリアを細かく区切ることで家庭のような温かさが出て、小規模な保育園にふさわしい空間に。子どもたちや保護者の動線をつくりやすく、安全に保育できる間取りだと働く職員からも喜ばれているほか、パステルカラーの明るくてかわいらしい雰囲気が保護者からたいへん好評です。

東京の物件で現地打ち合わせは簡単ではありませんでしたが、SNSやオンラインミーティングで準備をスムーズに進めることができ、打ち合わせや移動のコストも削減できて助かりました。そうした状況であっても、完成した建物が実際に動き出した際の具体的なイメージをもちながら設計されているので、限られた時間と空間のなかで最高の保育園に仕上げてもらったと実感しています。

Part 4 Dreams Come True

理想の園舎を実現するために｜園づくりの基本３選

子どもも大人も幸せになる最高の園をつくろう

設計士とコミュニケーションを深めながら、
大胆な発想で園の魅力を生み出していけるよう
3つのポイントを通して理想の園舎を実現します。

園舎設計の流れ

園舎設計には、大きく分けて3つの押さえておくべきポイントがあると考えています。

まず、現状の園の状態に対し、認可成やこども園成など、体制が変更するのかどうか。最初に①で整理します。認可成のためのコンバージョンや大規模改修、こども園成のための施設追加など、それぞれに対し考え方が異なってくるからです。

次に①の目的に対して、打てる施策の種類を②にまとめました。園としては移転しか考えられなかったけれど、実は既存の別物件で大規模改修することでコストダウンや環境負荷軽減ができた、などの事例もあります。

このあたりの整理をしながら、建物の設計から建築そのものに関する流れと、行政に補助金を申請するにあたって必要な業務、さらには補助金や銀行融資を活用する場合の業務、の3つを併記した表が③です。

初めての建築の場合、何から手を付けていいか分からないという方も多いと思います。特に、この流れを把握し、各行政とのやり取りなどの経験があるかないか、資金面での事業計画書や貸借対照表などを読めるかどうか、で結果は大きく変わってきます。

Part 4では、実際に大変なことになりかけた園の事例もご紹介していますので、ぜひ参考にしてみてください。

① 建築する目的の整理

- 届出保育所（認可外）→認可保育所
- 認可保育所→認可保育所
- 一般法人→社会福祉法人の設立
- 保育所→認定こども園成
- 幼稚園→認定こども園成
- 幼稚園→幼稚園

② 建築手段の検討

- 新築
- 建て替え
- 移転
- リノベーション
- 大規模改修／コンバージョン（用途変更）

③ 実行スケジュール

○カ月目	設計	工事	行政とのやりとり 補助金申請	資金計画 銀行や福祉医療機構への申請
1				
2				
3				
4	調査	②の建築パターンのいずれに該当するのか、運営形態変更の場合は行政との調整などをしながら、実現できる設計プランの下敷きとなる調査を実施します。		
5				
6				
7	設計契約		事前相談	事前相談
8	基本設計			
9				
10				
11				
12				
13			内示	
14	実施設計			予算成立
15				借入申し込み
16				審査
17	建築確認申請		補助金交付申請	受理
18			補助金交付決定	
19	入札手続	工事契約・着工		
20	工事監理			補助金交付申請書を提出して借入が確定
21				融資実行
22				
23				
24				進捗状況報告
25				
26				
27	監理報告	検査→竣工	認可申請→認可	実績報告書提出
28	開　園			
29			補助金交付	

運営面での コンサルティング

「何から手を付けたら いいか分からない」 しかし、このままでは …という園の想い

戦後の幼児教育体制発足から数十年。全国的に、老朽化や旧耐震、アスベストといった建物そのものの課題はもちろん、少子化に伴う園児の減少や保育士・教諭の確保の課題といった運営面でも悩みの多い保育園、幼稚園が増えています。このままではいけないけれど、何からどうしたらいいのか分からない、しかし地域のために安定した保育・教育環境を提供し続けたいという想いから、生き残りをかけた起死回生を望まれる園も少なくありません。

このページでは、これまでに私がコンサルティングでお手伝いさせていただいた事例をご紹介します。

認可外保育所からの社会福祉法人化

認可外の保育所を数年運営していたある園から、より安定した運営をすることで保育の質の向上や職員の確保など、多くのメリットのある認可保育所に移行したいという相談がよくあります。認可保育所にするためには、社会福祉法人化と保育所施設の設置認可の申請を同時に進めていく必要があります。

社会福祉法人化にあたっては、設立委員会を発足し、理事や監事、評議員などを選定したうえで行政とのやり取りや手続きをする必要があります。それと同時に、新園舎のための補助金の申請を進めていかなければなりません。

全体を理解・把握し、設計だけでなく運営に関しても精通していることで、初めて実現したケースです。

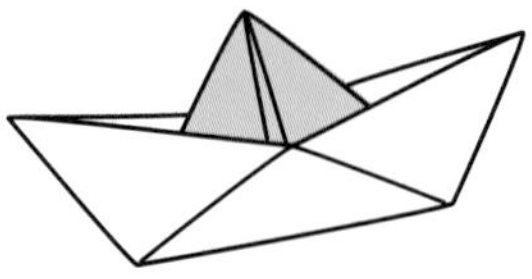

幼稚園からの施設給付型幼稚園化、からの認定こども園成

保育所と同じく、地域から選ばれるための生き残り策として、0歳児から受け入れていく「認定こども園」へと移行したいという幼稚園が増えてきています。しかし、一足飛びに認定こども園成を目指すのは不安だというケースでは、いったん「施設給付型幼稚園」として未満児を受け入れ、安定的に集客できることが見えてきてから、「認定こども園成」を目指すことも。

施設給付型の申請にあたっては、要件を満たすなど、経営改善が必要になります。ゆくゆく認定こども園成を目指しているのであれば、自治体によってタイミングや予算の関係で制限がありますので、事前に計画的な協議を長い目でしていく必要があり、そこには教育面での想いはもちろんのこと、その想いを実現するための設計的な視点を取り入れた計画にすることが求められます。

資金面でのコンサルティング

着工目前で発覚した、資金計画見直しという重大事態

園舎建築に限った話ではないのですが、通常、事業に補助金を活用する場合、いったんは自己資金および借入金で費用を負担し、のちに補助金などを申請して補填するという流れになります。そのため、福祉医療機構に事業計画書や経営状態の分かる書類を提出し、補助金で返済が確実であるという条件を担保に融資してもらう必要があります。もちろん自己資金で賄える場合はこの限りではありませんが、そのような園はほぼありません。

現在建設中のある保育園で実際に起きたことを例に資金計画の注意点を説明します。建て替えに伴うプランニングを進め、すでにデザインも施工も進められる状態になっていたときに、資金計画見直しという重大事態が起こりました。

園舎設計の「お金まわり」で気をつけたい2つのポイント

資金計画において重要なポイントが2つあります。

1つめは、補助金の要件を満たした設計、施工をすることです。補助金は建築前に申請し、許諾を受けて建築したのち、しかるべき補助金の要件を満たしているかどうかの審査を経て、認められた場合に支給されます。

つまり、申請の結果OKが出たとしても、建てたあとに要件を満たしていない箇所があれば、それは補助金を活用できる施設と見なされないため、その箇所は全額自費となってしまうという盲点です。そのためにも、きちんと補助金の要件を理解した建築士に依頼する必要があるのです。

2つめは、申請段階での福祉医療機構との交渉におけるものです。たとえあとから補助金が支給されて補填されるとはいえ、一時的に大金を融資する福祉医療機構からすると、建築途中でその園の運営が厳しくなったり、そもそも園としての活動自体にストップがかかってしまったりするような状態にないかどうかは審査する必要があります。

もし竣工前に、自分たちが融資した資金が別の目的の支払いなどに使われてしまい、倒産や閉園などになってしまったら回収できないからです。

気づいたときには遅い!? 資金計画の盲点

この2つめの問題で一度大変な事態になりました。すでに設計プランが確定し、入札の手続きに移行していた頃、申請していた融資先から次のような連絡がきたのです。「現状の借入状態と収支計画を確認したところ、申請されているとおりの返済は現実的ではないと判断でき」、かつ「現状を踏まえたうえで提出されている収支改善計画が具体性に欠ける」というものでした。

しかし、すでに役所には建て替えの申請を出してしまっているので、いまさら計画変更や取り下げもできません。暗礁に乗り上げそうな事態でしたが、私も法人として同じく福祉医療機構との付き合いもありますし、資金計画や収支改善も常日頃から対応している業務の一つです。ここは資金計画ももちろんなのですが、販管費など経営的な数字の見直しこそが重要なカギとなります。

建て替えなどの大きなお金が動かない平時の業務遂行は園の先生や幹部にも十全な策はあると思います。しかし、いざこうした大きな資金が移動する場合となると、それ以上に神経を使う必要があります。本件では、私たちから「経営改善計画」を提案し、園と金融機関とで協議を行い、無事に乗り越えることで確実に着工することができました。

Case study 026 現在建設中の保育園

作業内容		計画					施設整備（建築）														事業開始						
月		1	2	3	4	5	6	7	8	9	10	11	12	1	2	3	4	5	6	7	8	9	10	11	12	1	2
補助金事務	各市町村窓口	事前相談							事前協議		内示	補助金交付申請	補助金交付決定										実績報告	交付額決定 認可申請	補助金入金		
	福祉医療機構	事前相談								借入申込 審査	受理	入札後に契約（金銭消費賃借契約）、その後工事 審査の段階でつまずき、サポートを行っている											実績報告書提出		支払		

園舎設計は専門の建築設計事務所に

園舎設計には特別な知識とノウハウが必要です。
建築許可が下りない、工期遅れ、予算オーバーとならないように。

建築設計事務所にもさまざまな専門がある

建築士には一級建築士、二級建築士、木造建築士といった種類があり、一級建築士はすべての建築物を扱うことができますが、それ以外の建築士の場合は資格ごとの制限があります。

とはいえ、一級建築士だからというだけでなく、やはり園舎設計には前ページのように、園の仕組みや行政とのやりとりなど、園舎にまつわるさまざまな事象に精通している人に依頼されるほうが望ましいと私は考えます。

建築物のなかでも園舎にはさまざまな法的な制約があり、子どもの安全や情操教育を考えた設計、施工が必要となります。法的側面に関してはルールを熟知したうえで設計をしなければ、いくら魅力的な園舎を図面に起こしても、実際に建てることはできません。

具体的には、保育所の運営においては児童福祉法の「児童福祉施設の設備及び運営に関する基準」に基づく設計が必要になってくるわけです。これが幼稚園になれば幼稚園設置基準など、文部科学省を中心とした法的制約に基づいた設計が必要になります。

敷地面積が決まっている場合は、建てられる建物の延べ床面積によって保育室の数も決まってきますし、必要な施設・設備も割り出せます。一方で、収益面から考えて実現したい定員数や保育士さんの数なども考慮したうえで、総合的に設計を進める必要があります。

これだけでも園舎設計について熟知した建築設計事務所に頼む必要がある理由としては十分ですが、私はこれらに加えて、やはり建築家には子どもを守り、育てる意識が重要だと考えています。

いくら建築設計、法律に精通していても、どんな園舎にすべきなのかといった思想の部分で共感できる建築設計事務所に依頼をしなければ、主役の子どもが元気に、すくすくと育つ園舎は実現できないと思うからです。

「お母さんたちとともにやっていく」理事長が決断した、母なるまなざしを形に

Case study 027 **ひらばる幼稚園**

危うく竣工を諦めそうだった
「ひらばる幼稚園」に聞く、
「設計者選びの大切さ」とは

工期が半年間遅れていて、4月の開園に間に合わないかもしれない——。

そんな相談を受けて、前任者から引き継いで担当したのが「ひらばる幼稚園」の設計です。地域で増えていた保育ニーズに応えるために建てられた園舎でした。老朽化による園舎の建て替えとともに認定こども園への移行を進めるプロジェクトでした。入札が終わり、いざ申請となってみると、「だいたい1カ月くらいで終わります」と聞いていた許可がいつまで経っても下りない……構造計算が審査に引っ掛かり許可が下りず、着工に入ることができない状態だったようです。私が引き継いだのが、開園前年の8月。与えられた時間は3月の竣工までの7カ月でした。通常、園舎設計の依頼を受けてから竣工までは2～3年程度かかります。こうしたイレギュラーは極力避けたいものです。しかし園長先生の想いが詰まった建て替えが、大きな心配事へ変わってしまっている状況を見て、私で夢を叶えられるのならばと引き受けました。

すぐに必要な建築確認申請を出し、10月には着工しました。園長先生からは改めて要望を聞き出しました。設計はゼロからやり直す時間がなかったので、躯体を活かしたうえで設計を再考しました。本計画地は丘の上にあるため、二階建てといえど圧迫感が生まれます。そこを回避するように、1階と2階の間に水平ラインの庇をつくりました。建物の水平ラインを美しく際立たせることで、圧迫感が軽減され、まるで空が広がり、光と風を呼び込むような開放的なデザインが実現しました。

多くの制約があるなかでしたが、無事予定どおりに竣工を迎えることができました。

SPECIAL CROSS TALK 2

園舎設計のセカンドオピニオン

**設計に不信感をもった場合、
病院でセカンドオピニオンを尋ねるのと同じように、
第三者の設計事務所などに
力を借りるのも一つの手段です。**

工事の申請が下りない

野口　竣工から4年。久しぶりに園舎を訪ねました。本園は、今宮理事長とご子息の隆佑副園長が園を束ねています。着工に至らず悩まれている際にお二人にお目にかかったときのことを、昨日のことのように覚えています。

今宮隆佑（以下、隆佑さん）　認定こども園として新設するため、内閣府からの補助額も確定していたのですが、行政サイドの予算減額に伴い、全体予算が半分くらいになってしまったところから、苦難は始まりました（場合によって比率は異なりますが、本件の補助金は国と自治体で1／2ずつという取り決めがありました）。続いて、当初お願いしていた設計事務所さんでは工事の申請が下りないという事態に。これまでにも多くの庁舎や病院などの大きな施設を手掛けておられた設計士さんだったので安心してお任せしていたのですが、小学校と幼稚園では使う対象が違いますし、今回は認定こども園への移行ということで、未満児まで対象が広がるため、おおよそ必要なことがどうしても現在の基準と設計士さんのご経験とでそぐわなかったようで、いったん竣工を諦めようかというところまできていました。

今宮理事長　正直、完成できるとは本当に思えない状態でした……。

野口　私が最初にお話をうかがって感じたポイントは、設計士が工事会社のほうばかりを向いていて、施主である園の要望を真正面で受け止めていない、という印象です。私たちがお手伝いしている「園舎」というものは、ただ単に何かの手続きをするために立ち寄るだけの施設ではない。しかも、小学校に上がるまでの多感な時期、つまりは「人間の基礎」を育むための大切な場所なんです。階段の高さ、窓から見える景色、遊具の質感。そうした一つひとつに意味があり、子どもたちの記憶になります。園長先生のお話には、そうした「子どもたちのために」という視点と、その先にいる「保護者のために」という視点が常に同居していました。

今宮理事長　私自身、実は不妊治療を数年行って、息子を授かったという経緯があります。ですから余計に、子どもを授かり、十月十日胎内で育み、無事に出産し、しっかりと子育てができるということそのものが、とても尊くありがたいことだなと本当に思うんです。ですので、今回の竣工を諦

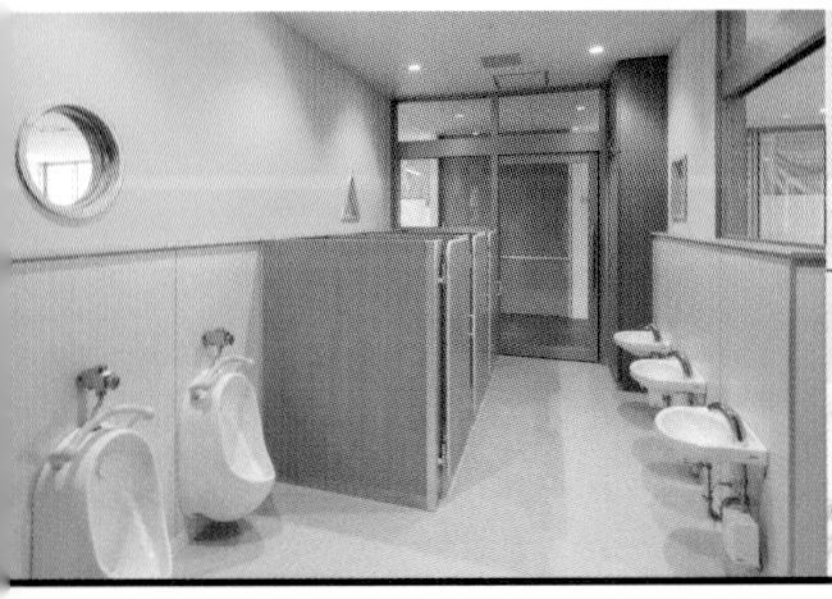

施設名称　ひらばる幼稚園
事業内容　認定こども園（定員 180 人）
所在地　福岡県田川郡福智町金田 275-154
法人名　学校法人辰島学園
竣工年月　2019 年 6 月

お話を聞いた人／写真中：今宮瑞恵さん（学校法人辰島学園　認定こども園　ひらばる幼稚園　理事長・園長／一般社団法人福岡県私立幼稚園振興協会 筑豊部会会長）
写真右：今宮隆佑さん（学校法人辰島学園　認定こども園　ひらばる幼稚園　副園長・事務長）

めることだけはやはり考えられませんでしたし、削られてしまった予算分は、即断で銀行さんにご相談させていただきました。ありがたいことに、「むしろ喜んでお力をお貸しします」と2行も手を挙げてくださり、自分たちのやろうとしていることは決して間違っていない、きちんと地元の人たちにも支持されているんだと勇気づけられました。

お母さんたちと一緒にやっていく

野口　理事長先生は、「お母さんたちとともにやっていく」という印象的な表現をされます。隆佑さんの母であるだけでなく、園の、ひいては地域の「母」のような存在なのではないかと私は思っています。そしてその地域に開かれたまなざしは、隆佑先生にもしっかりと受け継がれています。

隆佑さん　そうですね。だからこそ、もしこれから園の建て替えや新設を検討されている方がいらっしゃったら、声を大にしてお伝えしたいことが2点あります。1つは「園舎設計のことを分かっている設計士さんにお願いすること」。消防法だけでなく、ほかにも幼稚園、保育園、こども園ならではの基準があり、それらは複雑に絡み合っています。1つおろそかになるだけで、補助金の対象として申請できなくなるケースもあるとあとから知りました。そうしたことにならぬよう、専門性をおもちの設計士さんにご相談されることを、身をもって経験したうえでおすすめします。

　2つめは、第一の条件がクリアされたとしても、「施主である園の要望を聞いてくれない方は避けること」。もちろん、設計士さんは建築のプロですし、園舎設計の経験が豊富な方であることは大前提なのですが、とはいえ、私たちは幼児教育、保育のプロであり、地域に根差した活動を何十年も続けてきたという矜持があります。単なる色の好みやふわっとした個人的な要望ではなく、園の教育理念をもとにした、安心安全な園舎の中で実現したい「教育、保育」があるんです。その想いに耳を傾け、可能な限りアウトプットすることを一緒に考えてくださる方と出会われると、僕たちのように、最終的にはとても満足のいく園舎を実現することができると思います。

夢や希望を現実にする園舎設計

今宮理事長　野口先生にはこれまで思い描いていたワクワクするような空間、設え、やってみたいことを楽しく前向きにお話しできて、そのままの形ではなくてもどれも何かの形で叶えてもらえました。それまでほとんど何も聞き入れてもらえずにきたからこその反動ともいえますが、改めて「園舎設計というのは、夢や希望を実現する行為」なんだなと思いました。

　本当に、建つだけでもありがたいと思っていたのに、「なんとかしましょう」ではなく「やりましょう」と前向きに、主体的な言葉を最初にもらえたところから、このプロジェクトはうまく軌道に乗ったのだなと、振り返って思います。野口先生、本当に、ありがとうございました。

野口　少し過大なお言葉をいただいた気がしますが、ここまで赤裸々に語ってくださったのも、今後同じような想いをされる園が出ないことを願われての快諾でした。時間や条件、予算など、制約の多いなかでの難しいプロジェクトではありましたが、こうして喜んでいただけて、私も建築家になって良かったなと改めてうれしく思います。

園舎は、完成してからがスタートです

**園舎設計において私が考えている「大切なポイント」をまとめておきます。
大きく分けて、ハード（設計プランそのもの）に関するもの、
ソフトにおける子どもたちへの視点や保護者、地域への視点は本書内で語ってきましたので、
ソフトのなかでも「園の運営」に関して主に記述しています。**

① 園の人気や集客

園の歴史や理念をまとめなおし、ステークホルダーにしっかりと伝わるためのブランディングを考えることが大切です。園舎はそのメディアとしての位置づけと考えます。

子どもの獲得は園の運営において不可欠。子どもが主体的に園を決めることはほぼ皆無かとは思いますが、複数の園を見学した際、お子さんがより興味を示した園にしたいという保護者の意思決定はあると思いますので、いかに子ども目線で喜ばれるかを考えることは、ひいては園の集客にもつながる、という意識が大切です。

② 保育の質の向上

子どもたちはもちろんですが、保育士や先生も成長できる仕組みが大切です。先生たちの成長段階に合わせて、保育の視点も質も向上していく、そのベクトルに寄り添って機能する園舎を考えることが大切です。

③ 採用、定着面

求職者の悩みを解決する施策や視点をもつことで、採用面での課題の解決につながります。例えば、職員のための十分なスペースがない状態では、業務開始や終了の区切りが付けにくく、漫然とした働き方になる可能性があります。休憩時間にいかにリラックスできるのかも、働く環境の質を上げることにつながります。

ノンコンタクトタイム（子どもたちと接していない時間帯）の過ごしやすさ、作業のしやすさは、業務の効率化や改善、新しいアイデアが生まれるなどの良いアプローチになります。狭小スペースであっても、一工夫して広めの作業スペースを確保することができれば、イベントなどの準備も効率的に作業できます。

こうした視点を取り入れることで、離職率の低下にもつながります。

④ 園の内部の仕組み化、合理化、最適化

①～③の内容を考慮したオペレーションや動線をイメージしながら設計することで、相乗効果が生まれます。また、「そういうものだと思っていた」といった可視化されていない改善事由を一緒に検討しなおすことで、全体のパフォーマンスが変化することも。例えば、クラス名を抜本的に見直すワークショップを一緒にさせていただいたことから、各フロアの教室の配置に変化が起きたケースなどもあります。

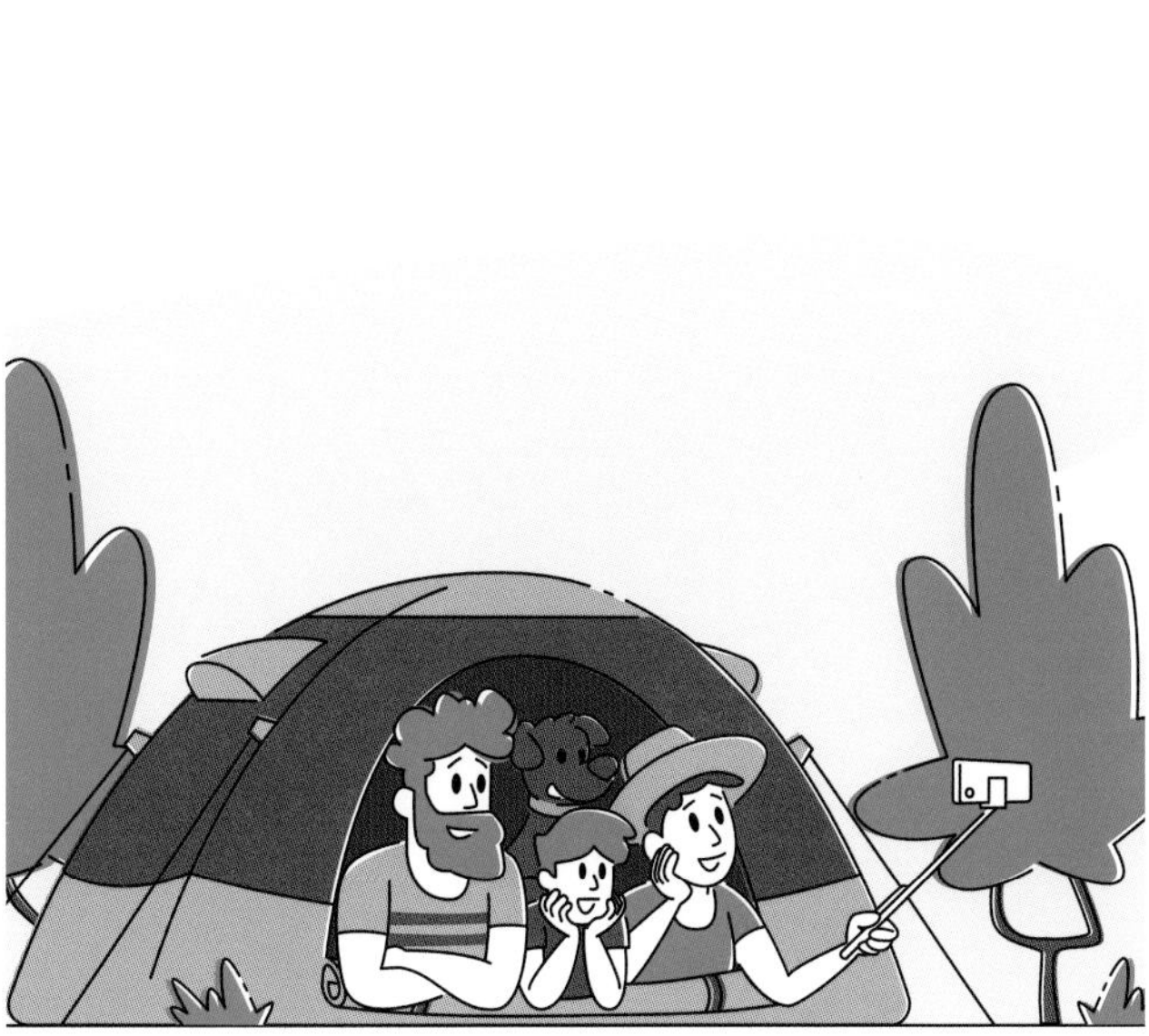

Draw a Dream #4

子どもたち一人ひとりの場所、多様な人たちが地域のなかで緩やかにつながる物語、市（マーケット）を通したさまざまな人たちとの交流、それが縁となる。そのような想いを込めた『一語市縁（園）（いちごいちえん）』で子どもたちが食や自然の大切さを学びます。

028

こども園の屋上が、まさかの公園に

MUNAKATA PROJECT

MUNAKATA PROJECT

屋上を、公園として地域に開くという大胆な発想

かつては地域で育てられていた子どもたちも、いつしか施設内での関係者だけに見守られる存在になってしまった。原点回帰を目指すべく、同園の屋上は農園広場を付帯する公園として、地域に開かれた場所として育っていく。子どもたちと地域住人とのコミュニケーションの拠点として、さまざまな機能をもつ画期的な場所が誕生した。

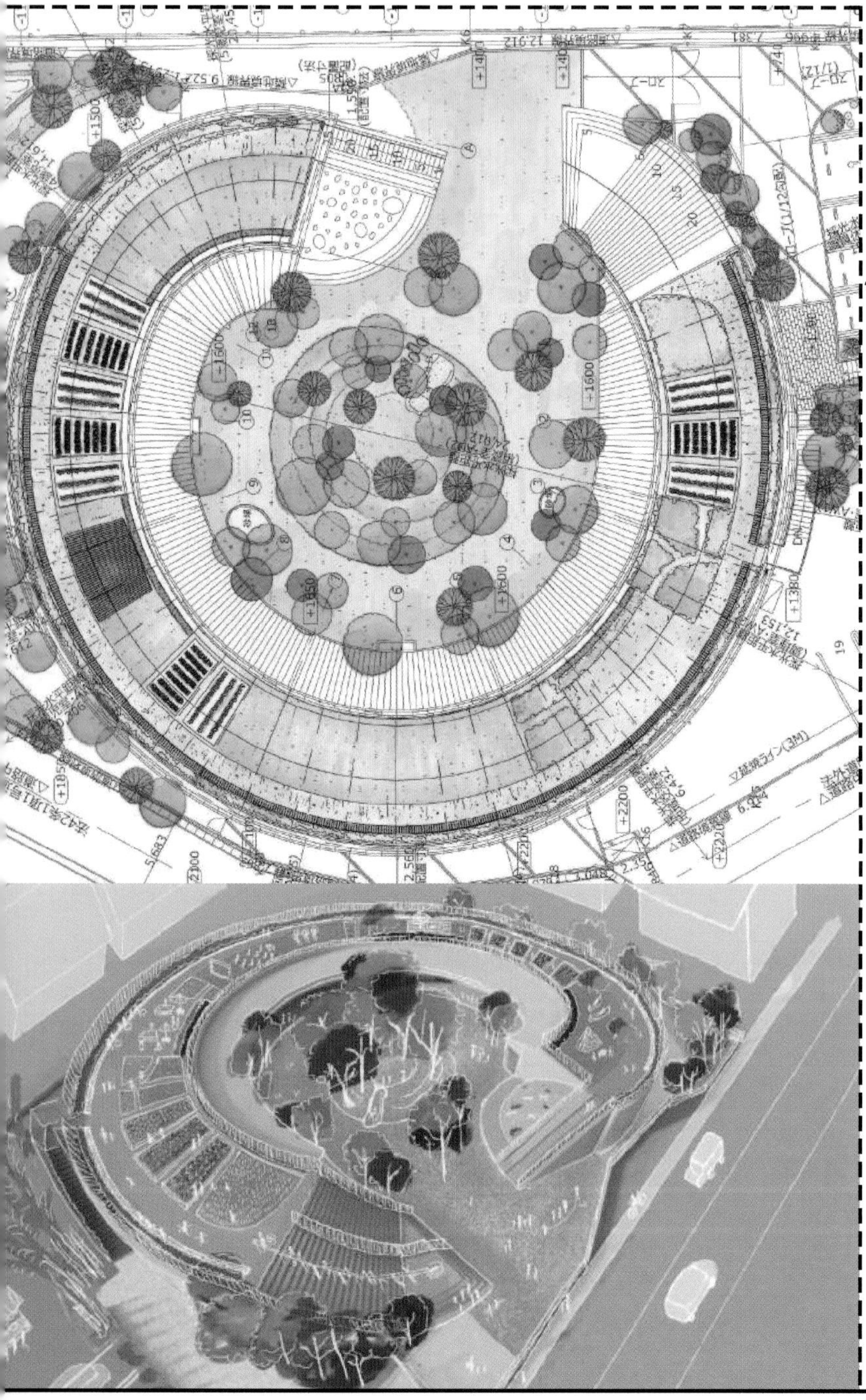

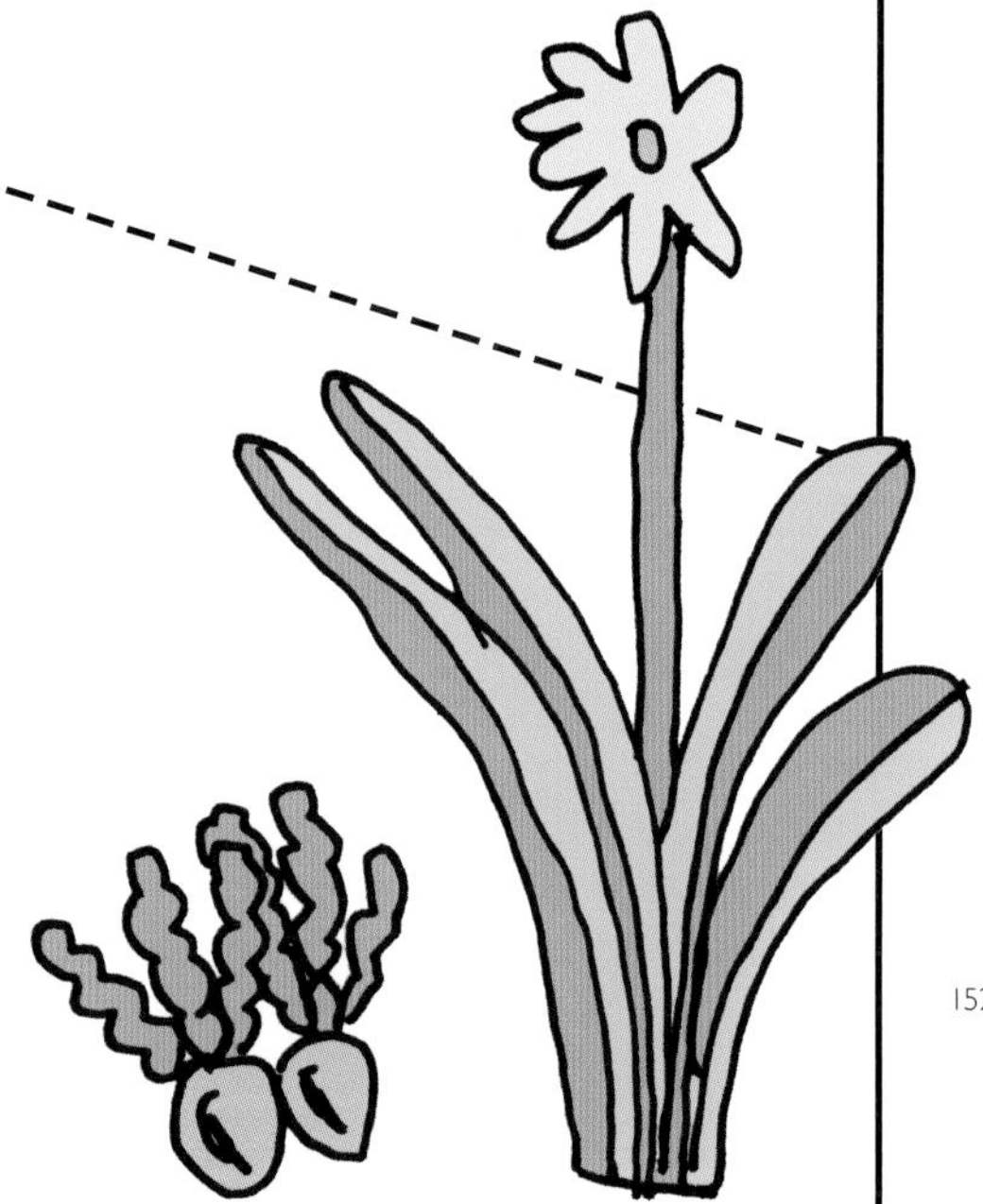

2

「一《いち》」ウェルビーイングの拠点として

最低限の暮らしを保障するこれまでの福祉から、「一人ひとり」がより豊かな暮らしを実感する「ウェルビーイング」へと時代が移り変わっていくその拠点として、屋上公園が「ありのままの自分」を受け入れてくれる場所に。

3

「語《ご》」ナラティブ（物語）の拠点として

土地の記憶を継承し、未来につなげていくには、これまでに語られてきたことのアーカイブに加えて、語られなかった、語ることができなかったことにも目を向ける必要がある。園がプラットフォームとなり、宗像の物語を紡いでいく場を目指す。

4

「市《いち》」マーケットの拠点として

中国大陸との距離が近いことから、古くから交流の跡が残る宗像。その歴史的背景を引き継ぎ、交流や交易を生み出す「マーケット」としても機能。子どもが育てた野菜を地域住人が購入する、そんな交流がすぐ目の前に。

5

「縁《えん》」アーカイブの拠点として

さまざまな活動やイベントから生まれる「縁」を通して、土地の記憶や技術を子どもたちや必要としている人たちに伝達していく。園が拠点となり、検索ではたどり着くことのできない生きた情報に接することができる。

MUNAKATA PROJECT

SPECIAL CROSS TALK 3

究極は、建物がなくても学べる環境「いちごいちえん」にそれぞれが込めた想い

2023年6月に竣工したばかりの、福岡県宗像市に誕生した「いちごいちえん」。園、庭師、コミュニケーション・デザイナー、建築家がそれぞれの立場からもち寄った世界観を通して子どもたちに何をもたらしたいと考えているかについて、改めて語ってもらった。

ストロベリーヒルズからさらに発展した園に

福岡市東区三苫に誕生した「ストロベリーヒルズ」は、待機児童という社会課題を丸い園舎というコンセプトから解決していき、現在ではエリアでの人気ナンバーワンの園になっている。そんなストロベリーヒルズの設計を依頼してくれた宮部園長が、次なるチャレンジとして選んだのが、福岡県宗像市。宮部園長のお父様が無認可からスタートし、90人規模にまで成長してきた同園を宮部園長が社会福祉法人化して移転させ、今回「いちごいちえん」として大きくバージョンアップした。

宮部　ストロベリーヒルズで実現できたことをさらに更新させた形にしたいと考えたとき、子どもたちを中心とした園であることは大前提なのですが、そこに「自然」という視点を加えたいなと思ったことが発端です。

野口　宮部先生は方針だけ決めてくださり、デザインに関してはお任せしてくださる稀有な先生なのですが、まずは福岡市内の狭小地とは異なり、宗像市の、しかも市街化調整区域に隣接した土地での建設だったので、規模拡大移転というなかで、もちろん法律的なテクニカルなこともたくさんお手伝いさせていただきました。しかし、まずは宮部先生の想いと、私が考えてきた園舎設計の考え方を最大化しようというなかで、宗像市という土地がもつポテンシャル、自然のもつ力を有機的につないでいきたいと考えていました。

「人と植物の仲介役」が登場

——今回のプロジェクトには、庭師、コミュニケーション・デザイナーという新しい仲間が加わり、野口が今後目指していきたい園舎設計への「想い」に共感する座組になっている。

宮部　実は、さまざまな立場の人がいろいろなところでストロベリーヒルズのことを話してくださっていまして、私が宗像で自然を感じられる園にしたいと話していたことから、西海園芸の山口さんを紹介してもらったんです。

野口　そしてそんな山口さんのことを、私はほかの園のプロジェクトなどで何度もお耳にしていて、いつかぜひお会いしたいと思っていたんで

施設名称　いちごいちえん
事業内容　認定こども園（定員90人）
所在地　福岡県宗像市宮田1-6-2
法人名　社会福祉法人わおん会
竣工年月　2023年4月

す。それがまさかのここで直接コンタクトを取れることとなり、とても興奮しました。今回、自然とうまく調和しつながっていく園舎を考える際、どうしても建築だけでは視点が足りないと思っていまして。子どもたちに、自然のなかで体験を通して学んでほしいと考えていくと、自然からのアプローチとシナジーが欲しいなと思っていたんです。

――山口さんは、庭師という肩書で、全国はもちろん世界中から呼ばれている存在。現代における庭師という仕事をどうとらえているのか。

山口　僕は、庭師を「人と植物の仲介役だ」と思っています。園舎の園庭の仕事を引き受ける際、既成品の遊具は置きたくないといつも提案するのですが、遊具って遊び方が限定されていて、パターンが決まっているんですよね。一方、自然のなかで遊ぶって、子どもによって楽しみ方も違いますし、発見するポイントもそれぞれです。そして同時に、自然のなかで生きることの大変さを学んでいくと思っています。その自然を、庭という形でつくっていくことをいつも大切にしています。

――そんな山口さんには、修業時代の原体験があるという。

山口　僕は西海園芸の二代目なんですが、正直継ぎたくなかったんですね。嫌だなぁと思いながら京都に丁稚奉公に出た際、指示されたとおりの水やりをサボってしまい、草木が枯れてめちゃくちゃ怒られるという体験をしました。このとき、自然はモノじゃないんだ、ということに気づいて。同じ植物でも気候によって、水をあげる時間も違ってきます。彼らも生きているので、日々コンディションは違うわけです。

そういった「違い」を、僕らも子どもの頃にたくさん経験しているんですが、大人になると忘れていきますよね。例えば、においのする葉っぱとか、食べられる実とか、これは登りやすい木だとか。これって最高の遊具だなと思っています。

野口　この山口さんの視点こそが、本園が育つうえで絶対に一緒に関わってもらいたいと思ったポイントの一つです。

竣工は、ゴールではなく スタートである

――園、建築家、庭師のそれぞれの立場でディスカッションをしていくなかで、次に必要だったのが「言語化」「可視化」である。ここで、すでに山口さんとも何度も仕事をしてきたコミュニケーション・デザイナー・中川さんが登場することになる。

野口　今回のプロジェクトの共通項は、「建築は、建ててからがスタートだ」という点にあります。人と植物をつないでいる山口さんの仕事には、まさに終わりも完成もない。同じく、私も建築が主役でなく、竣工がゴールでもない、自然のなかに溶け込むデザインをしたいと考えましたし、皆さんのイメージも、常に竣工後、子どもたちがここで何をして、何を感じるか、という話ばかりでした。

中川　私はそこから参加させてもらったのですが、打ち合わせの内容が、子どもの頃に戻ったような話をしているな、という印象で。正解をなぞるのではなく、体験しながら学んでほしい、という皆さんの想いが一つのところに向かっているので、私はその想いを一つひとつ整理させてもらい、

SPECIAL CROSS TALK 3

今回のコンセプトデザインと園のネーミングに至りました。

松永　私も西海園芸のスタッフとして一緒に打ち合わせに入らせてもらいましたが、特に今回は、屋上公園を地域に開放した「庭」にしていくということで、皆さんがこの「庭」をどうしていくか、ここで何をしたいか、というワクワク、ドキドキする話がたくさん出てきたので、楽しい場所になるだろうなぁと思って関わってきました。そして同時に、私自身も幼い頃の記憶がどんどん蘇ってきて……。

中川　みんなが同じ想いだったからこそ余計に、この共通認識を、どう第三者に伝えるのかが必要でしたね。

野口　これまでも、部分的に食育や、地域に開いた取り組みのできる園舎設計をさせてもらってきましたが、今回のプロジェクトを通して、今後私の園舎設計に確実に影響を及ぼすなと思うのが、建築家は建物を建てることが仕事ですが、保育という視点で考えると、建物がなくても学べる環境が究極だ、ということ。これを建築家の立場で言っていいのかと思いますけど、子どもたちを安全に保育するための施設はもちろん必要ですが、なるべく自然と溶け込んでいくことを考え、今回のプランでは無駄と余白の多い円形、しかも同心円ではなく少し楕円にして、よりシームレスな環境デザインを考えました。

中川　そしてそこで、宮部先生がいいことをおっしゃったんです。「一期一会」と。屋上を公園にして街に開きたいという想いや、「貿易」といったキーワードも出てきまして。そこから、子どもたち一人ひとりの場所、多様な人たちが地域のなかで緩やかにつながる物語、「市（マーケット）」を通してさまざまな人たちとの交流、それが「縁」となる。そのような想いを込めた「一語市縁（園）（いちごいちえん）」というネーミングにたどり着きました。

アーカイブする メディアとしての園

——プロジェクトメンバーが、子どもたちにどんな体験を通して何を学んでもらうかを真剣に考えながら紡がれていった「いちごいちえん」。特に子どもを中心とし、竣工後の営みを想像しながらヒト・コト・モノの循環になっていく共通のイメージが膨らんでいったなかで、この園名の誕生はプロジェクトをさらに加速させていく。

野口　正直、建物はできても、どう使うかはお施主様次第なんです。

中川　だからこそ、宗像プロジェクトは、使い方を限定せず、ナラティブなプラットホームとして機能していく姿が想像できたので、もはやこれは「アーカイブするメディア」だなと想起しました。いわゆるメディアと聞くと公的な記録を想像しがちですが、宗像という土地のポテンシャルの高さ、歴史、文化、そういった在野からの声をきちんと残していくことが、これからの社会にとても大切だと改めて感じました。大声だけが残る時代はもう終わりだな、と。

宮部　ここまでの盛り上がりのなかで、自分の視野がいかに狭かったのかを毎回痛感するんです。あくまでも、管理保育のなかでできることに視点が限られていたなと。実は、園庭を考えるにあたって、山口さんが弊社スタッフに「園庭アンケート」というものを実施されたのですが、小さい頃の記憶って、みんな自然とともにあったということが

有限会社西海園芸
松永 咲子
Matsunaga Sakiko

有限会社西海園芸
庭師
山口 陽介
Yamaguchi Yosuke

社会福祉法人わおん会
理事長
宮部 哲
Miyabe Satoshi

分かりまして。

山口　よくある話ですが、子どもの頃はなんともなかったのに、大人になると虫を触れなくなるとか、自然を避けるようになっていきますよね。そんな大人の視点で園を考えてしまうと、どうしても自然との接続は断片的になってしまうんです。

中川　その流れで、先ほどの「貿易」の話にもなりました。

山口　そうそう。食育ってもはや全国的に行われていて、自分が食べるものがどこから来ているのかを学び、感謝しましょうって習いますけど、その先に「売る」がないよね、と思ったんです。

宮部　あのときはびっくりしたんですけど、でも確かにそうなんですよね。安全を基軸にしすぎているので、学びの発想も限界があって。転ばない保育が行き過ぎると、どういうところで転ぶのか、転んだときはどの程度痛いのか、そんなことを繰り返していくなかで、このくらいの段差なら飛び越えられるといった危険察知能力が育っていくものだと思うのですが、やはり安全圏のなかでの保育を考えてしまう思考からは、「収穫したものを売る」という自然な営みは出てこなかったと思います。

山口　お店屋さんごっことかの遊びってみんな経験するじゃないですか。売って、得て、その次がありますよね。生産性を上げようとか、リアルな生きることがそこに発生する。そしてその様子を見て、先生たちも学ぶと思うんです。

宮部　ごっこ遊びではなく、リアルな営みですよね。

山口　そう。そのなかで、役割ができていくんです。今の教育はフラット過ぎて、個性がなくなってしまっているように感じているんですけど、実際、人ってそれぞれ違うじゃないですか。そのそれぞれが違う、ということを学ぶって、子どものうちに体験できるに越したことはないですよね。例えば、お花が咲いたよ、きれいだね、で終わるのではなく、その二手三手先を考えられるようになる教育。僕はその環境を、人と植物・自然をつなぐ役目としてやっていけたらと思っています。

野口　こうしたさまざまな営みや学びの機会を、安全性を担保しながら緩やかに囲い、自然のなかに溶け込んだ保育ができる、それが宮部先生が思い描き、私たちがそれぞれの知見をもち寄って一緒に紡ぎあげた「いちごいちえん」として形になりました。

　最初から話しているとおり、ここはスタートなので、園庭も山口さんの手を借りながら、ずっと更新され続けていきますし、その園庭でワークショップや「市」なんかもこれから行われていきます。まさに、地域のハブとして、この園から宗像の人たちの、今まで以上に豊かな生活が育まれていくことを心より願っています。

株式会社野口直樹建築設計事務所
代表取締役
野口 直樹
Noguchi Naoki

ブルームーンデザイン事務所
代表
中川 たくま
Nakagawa Takuma

Epilogue

この度は、本書『Draw a Dream』をお手に取っていただき、誠にありがとうございます。

私は佐賀県の生まれで、大学で福岡に出てきました。

幼い頃、同じ佐賀県内にある祖父のもつ山の棚田から見た、夕焼けのオレンジ色とお寺の鐘の風景に心がときめきました。週末になる度に訪れ、野山をかけまわり、文字通り泥んこになって遊ぶ少年でした。その頃の郷愁を胸に、得意だった美術分野や建築に興味をもち、また高校生のときに生死に関わる大病を患った経験から、医療従事者の道もいいなと進路を悩んだものです。その後、縁あって建築学科に進学。アカデミックな世界での学びも深かったのですが、商業施設や舞台芸術などの現場施工のアルバイトでデザインの楽しさを味わったところから、一気に道が見え始めました。

――デザインで、社会の課題を解決したい。

そう思い始めたのは、前述の通り実務の楽しさを覚えたことがきっかけです。思えば、私の人生は「自分の感性が楽しいと思えるか」「自分のすることが社会の、誰かの、何かの役に立つか否か」という2つの判断基準でここまできたのだと、本書をまとめるにあたって振り返ることができました。

その後、建築の世界で社会に求められる喜びを感じながら経験を積んでいく過程で、徐々に「建築家」として自分の名前で責任を負い、より一層社会の役に立ちたいと思うようになりました。創業特区・福岡市のインキュベーション施設で「株式会社野口直樹建築設計事務所」として独立し、さまざまな物件を担当させていただきましたが、ある時、今の私の原点となる出合いがありました。

それは、ある保育園の建て替えでした。本書でもお伝えしてきた通り、園舎設計は、園の理念やビジョンをもとに膨らませることで、ただの箱型の「管理施設」から「子どもに原体験を与える魔法の園舎」へと生まれ変わらせることができます。

子どもの目線で、自分が幼かった頃のことを思い出しながら、実際に園庭で遊ぶ様子を想像してみる。もう、それだけでわくわく・ドキドキしたのです。田園風景に囲まれ、野山を遊び場にしていた頃の自分だったら、どんな園舎があるとうれしかっただろうか。なかなかそうした機会のない現代の子どもたちに、いかにその可能性をもたらしてあげられるだろうか。そんな想いこそが、私がこれまでの園舎に込めてきた純粋な気持ちです。

水を得た魚のように、幼児施設の設計にのめり込んでいった私は、あるとき、自身の子どもが待機児童問題で保育園に通えないという事態に直面します。この待機児童問題から、家庭内で育児ノイローゼが発生し、家庭が崩壊し掛けました。そのとき、これは決して小さくない社会の問題であり、自身がこの問題と直面したことも一つの運命だと考えました。

とはいえ、保育園は、つくりたいと思って一朝一夕で実現できるものではありません。まずは、既存園舎内で同じような想いを保護者にも子どもにも保育士にもさせないようにしたいと考え、設計の力で今まで以上に貢献しようと考えました。

しかし、もともと、美術か建築か医療従事者かで悩んでいたような私です。要するに、自分の感性の赴くままに、そして社会に求められることなら、できることはなんでもやりたい。その想いを諦めることができず、「株式会社blan.co（ブランコ）」を設立し、自分でも認可保育園を経営することにしました。

経営者としてだけでなく、教育者としての視点をもつ過程で、外から見ているだけでは気づかなかった、教育的視点での課題、そして雇用主として、労働環境的な課題など、気づきばかりの日々。これらに対し、デザインの力を取り入れ、子どもにも大人にも、いかに主体性を育む環境を仕組みでデザインできるかを徹底的に考えました。幼少期の体験から自然環境や体験型学習の大切さを思い起こし、子どもの自己肯定感、生きる力を引き出す建築とは何かを考え続け、「笑顔を生み出せる施設」という気づきに至ります。子どもが笑顔だと、連鎖で保護者も笑顔になり、保育士も笑顔になります。そしてやりがいが自己肯定感につながります。こうして、保育の質の向上までを一気通貫で叶えるための「笑顔をひとつでも多く生み出す魔法の園舎」というコンセプトに高まりました。

これまでも、建築家の立場で精一杯「園の可能性」を考えてきましたが、自身が施設をもつことで、その解像度は各段に上がり、より一層、園に寄り添えるようになりました。

設計は、楽しいことばかりではありません。
経営も、楽しいことばかりではありません。
けれど、私たち大人が、次の世代を担う子どもたちに残してあげられる可能性は、
できる限り広く、大きくしたい。

まず第一に、大人が夢を描ける社会に。
そして同時に、子どもたちにも、夢を描く楽しさを。
本書が、そんな未来へのきっかけとなれば幸いです。

野口直樹

本書についての
ご意見・ご感想はコチラ

野口直樹

株式会社 野口直樹建築設計事務所 代表取締役
１９７９年９月佐賀県佐賀市生まれ。設計事務所勤務を経て、２０１２年４月一級建築士事務所「野口直樹建築設計事務所」を福岡市にて設立、建築家の活動と同時進行で起業家の活動もスタート。同年７月ベンチャー企業として福岡市の認定を受ける。２０１７年４月法人化。また、２０１４年６月 株式会社blan.co（ブランコ）を設立し、保育所を11園運営している（２０２３年現在）。全国で唯一、認可保育所を運営する建築家として、国内外を問わず活動。

受賞歴
第13回キッズデザイン賞
第14回キッズデザイン賞
第15回キッズデザイン賞
第6回福岡県木造・木質化建築賞
第16回キッズデザイン賞
第17回キッズデザイン賞
iF DESIGN AWARD 2023
German Design Award 2024

Draw a Dream
子どもの世界が広がる“魔法の園舎”設計28選

2024年1月1日　第1刷発行

著　者　野口直樹
発行人　久保田貴幸
発行元　株式会社 幻冬舎メディアコンサルティング
〒151-0051　東京都渋谷区千駄ヶ谷4-9-7
電話　03-5411-6440（編集）
発売元　株式会社 幻冬舎
〒151-0051　東京都渋谷区千駄ヶ谷4-9-7
電話　03-5411-6222（営業）

印刷・製本　瞬報社写真印刷株式会社
デザイン　小野里恵
イラスト　竹田匡志

検印廃止

Printed in Japan
ISBN 978-4-344-94080-2 C0052
幻冬舎メディアコンサルティングHP
https://www.gentosha-mc.com/